体育运动促进青少年体质健康的攻略研究

翟一飞 著

东北林业大学出版社
Northeast Forestry University Press
·哈尔滨·

版权专有　侵权必究
举报电话：0451-82113295

图书在版编目(CIP)数据

体育运动促进青少年体质健康的攻略研究 / 翟一飞著. — 哈尔滨：东北林业大学出版社，2021.8
　ISBN 978-7-5674-2538-5

　Ⅰ.①体… Ⅱ.①翟… Ⅲ.①青少年—体质—健康教育—研究—中国 Ⅳ.① G479

中国版本图书馆 CIP 数据核字（2021）第 169182 号

责任编辑：国　徽
封面设计：马静静
出版发行：东北林业大学出版社
　　　　　（哈尔滨市香坊区哈平六道街6号　邮编：150040）
印　　装：三河市德贤弘印务有限公司
规　　格：170 mm×240 mm　16 开
印　　张：12.25
字　　数：194 千字
版　　次：2022 年 4 月第 1 版
印　　次：2022 年 4 月第 1 次印刷
定　　价：68.00 元

如发现印装质量问题，请与出版社联系调换。（电话：0451-82113296　82191620）

前　　言

　　青少年时期是各项身体素质发展的关键阶段。青少年体质健康不仅关系着个人成长和发展,而且关系着社会人才培养的质量,关系着国家健康与民族未来。从我国青少年体质健康调查数据结果来看,青少年体质健康状况不容乐观,身体形态、身体机能以及运动素质等各方面都存在着不同程度的健康问题。如果不及时干预,不采取措施增强青少年体质,那么我国将难以实现"强国强种"的愿望。"强国必先强种,强种必先强身。"而强身要靠体育运动。体育锻炼是一种个人积极主动的活动过程,它对促进青少年身心健康、培养青少年道德品质以及提高青少年社会适应能力等都具有重要意义。因此要在"健康第一,终身体育"思想的指导下引导青少年积极参与体育锻炼,给予其科学、全面的指导,培养其良好的锻炼习惯,切实提高其体质健康水平,为实现伟大复兴的中国梦打下坚实基础。基于此,作者在查阅大量相关著作文献的基础上,精心撰写了本书。

　　本书有八章内容,第一章阐析体质健康基本理论及研究内容,以形成对体质健康的基本认识。第二章分析青少年体质健康基本状况,了解青少年体质特征和健康问题,以便有针对性地采取健康的运动干预方式。第三章研究青少年体育运动锻炼的基本理论及如何走出锻炼误区,以期提供科学有效的理论指导。第四章探讨体育运动促进青少年身体健康与心理健康的主要方式,以提高青少年身体健康水平,促进其全面健康与发展。第五章与第六章分别研究青少年健康运动处方及运动锻炼的科学保障,旨在为青少年参与运动锻炼提供处方指导和安全保障,提高青少年运动锻炼的科学性、安全性及实效性。第七章研究青少年体质健康的测评理论、内容及方式,为学校开展青少年体质测试工作提供科学指导,从而根据真实可信的测试数据来制定青少年体质健康的运动干预策略。第八章研究健步走跑、休闲球类运动及形体塑造运动的锻炼方法,为青少年体育锻炼提供实践指导。

总体而言,本书具有以下几个特点。

第一,系统性。本书主要研究青少年体质健康及青少年体育运动锻炼的攻略指导。首先分析体质健康基本知识及青少年体质健康现状,其次重点研究青少年体育运动锻炼理论、身心健康的运动促进方式、健康运动处方以及运动锻炼的科学保障,最后分析青少年体质测评及常见运动项目锻炼方法。总体来看,结构完整,内容丰富,层次清晰,具有较强的系统性。

第二,理论与实践有机结合。本书对青少年体育运动锻炼攻略的研究从理论与实践两个方面展开,理论方面包括运动锻炼理论指导、健康运动处方制定以及运动锻炼科学保障等内容;实践方面包括运动促进身心健康的方式、运动处方实施以及常见运动项目锻炼方法指导等内容。理论与实践有机结合,对青少年科学参与体育运动锻炼既具有理论指导意义,又具有实践指导价值。

第三,创新性。体育运动方式和运动项目丰富多样,有的运动方式对身心健康都有益,有的则侧重于促进身体健康或促进心理健康方面的价值,因此青少年在体育运动锻炼中要根据自己的锻炼目的来选择正确的运动方式。本书在第四章提出了体育运动促进青少年身体健康及改善青少年心理健康的运动方式,对青少年体育锻炼的指导更有针对性,同时也是本书的一个创新之处。另外,青少年不良行为是影响其健康的一个重要原因,但很多关于青少年体质健康的研究中都忽略了这一点,本书则指出了危害青少年健康的常见不良行为,并提出了矫治与改正建议,具有实用价值与创新价值。

总之,本书主要围绕青少年体质健康及其体育运动锻炼攻略展开研究,重点探讨了青少年参与体育运动锻炼的科学理论、运动促进青少年身心健康的主要方式、青少年健康运动处方以及运动锻炼的安全保障等问题。希望本书能够为增强青少年体质及提升青少年的健康水平、运动能力和生命活力提供有益借鉴。

本书在撰写过程中参考并借鉴了很多专家、学者的研究成果,在此表示诚挚的感谢。由于作者水平有限,书中难免有不妥与疏漏之处,敬请广大读者批评指正。

作 者

2021 年 5 月

目 录

第一章 体质健康研究综述 ……………………………… 1
第一节 体质与健康的概念 ………………………………… 1
第二节 体质与健康的关系 ………………………………… 4
第三节 体质发展的影响因素 ……………………………… 4
第四节 健康新观念 ………………………………………… 11
第五节 体质与健康研究内容 ……………………………… 17

第二章 青少年体质健康基本状况解析 ………………… 26
第一节 青少年身心发展特点 ……………………………… 26
第二节 青少年体质健康现状 ……………………………… 34
第三节 《国家学生体质健康标准》解读 ………………… 38

第三章 体育运动促进青少年体质健康的理论指导 …… 47
第一节 国内外青少年体质健康研究综述 ………………… 47
第二节 体育运动对青少年体质健康的作用 ……………… 54
第三节 科学体育运动锻炼的原则与方法 ………………… 59
第四节 青少年体育运动锻炼的误区与正确认识 ………… 63

第四章 体育运动对青少年体质与心理健康的促进与改善 … 68
第一节 青少年体质健康与心理健康概述 ………………… 68
第二节 体育运动对青少年体质健康的促进 ……………… 71
第三节 体育运动对青少年心理健康的改善 ……………… 83

第五章 促进青少年体质健康运动处方的制定与应用 … 88
第一节 运动处方的基本理论 ……………………………… 88
第二节 促进青少年体质健康运动处方的内容 …………… 92
第三节 促进青少年体质健康运动处方的分类与实施 …… 97
第四节 促进青少年体质健康运动处方案例分析 ………… 102

第六章　体育运动促进青少年体质健康的科学保障……………109
第一节　青少年体质健康的科学营养………………………109
第二节　青少年体育运动锻炼中伤病的科学处理……………116
第三节　制约青少年体质健康的不良行为与纠正……………125

第七章　青少年体质健康的测量与评价……………………………132
第一节　体质健康测量的基本理论……………………………132
第二节　体质健康评价的基本理论……………………………139
第三节　青少年体质健康测评的主要内容……………………144
第四节　身体质量指数在青少年体质健康评价中的应用……156

第八章　促进青少年体质健康的体育运动方法与手段……………159
第一节　健步走跑………………………………………………159
第二节　休闲球类运动…………………………………………169
第三节　形体塑造运动…………………………………………176

参考文献………………………………………………………………185

第一章　体质健康研究综述

国民的体质素质和健康状况标志着社会的文明与进步,国民个人的体质与健康体现着一个国家政治、经济、文化、军事等各方面的综合国力。毫无疑问,国民拥有良好的体质、健康的体魄不仅有利于个体的工作与学习,而且有利于促进国家的繁荣。包括中国在内的各国政府都重视体质与健康的研究,深知人是社会中最为重要的因素,而人的素质是知识、体质、道德的统一体,只有体质强健、身体健康才能为全社会做出更大的贡献。本章将从体质与健康的概念出发,探讨体质与健康的关系,体质发展的影响因素,健康新观念的内涵等,多角度全方位地对体质健康这一大家普遍关注的领域进行较为详尽的阐述。

第一节　体质与健康的概念

一、体质的概念

"体质"最早的定义为某个人类个体所包含的一切生物学特征(如生活习性特征、适应力特征,个体的生长发育规律,个体成长阶段的典型表现等)。中国对"体质"这一概念有着较为深入的研究。随着社会历史向前推进,科学文化向前发展,从古老的中医到现代的医学、体育等各大学科门类都对体质相关思想和理论体系进行了探索,体质的概念被不断丰富和完善,其涉及的范围也越来越广。

古代中医强调生命得以健康存在的基本特性——"形神合一"。"形"指生命体的形体,"神"指生命体的生命机能,由形生神,神受形的操控,神明则形安。可见,古代中医概念中良好的体质需要包括良好的形体和生命机能。

中国现代学术界(包括人类学、医学、体育学等)经过不断地研究，已形成了较为完善的体质思想与理论，并且其成果充分体现了中国特色。

（1）体质人类学中与体质相关的概念及内容。人类学重点研究人类的起源与发展，人类物质文明和精神文明的发展。体质人类学这门学科是人类学的一部分，从生物、文化等多角度研究人类体质特征的发展变化和规律。其涉及了多方面的内容，如人类的起源、人类不同体质特征形成与分布的原理、人类的生长发育、人体的结构与机能、人类遗传与变异等。

（2）医学界提出的体质观。医学界对体质观的研究探索起源于对病人病因的寻找，其研究范畴在于确定人体结构与功能之间的关系。医学界的学者们对体质做出了如下定义：体质指个体或个体所在的群体在遗传和环境的共同影响下，在生长、发育和衰老等一系列过程中形成的在结构、机能上的相对稳定的特殊状态。其特殊状态表现在人类生理反应的特异性，对某种致病因素的易感性和病变倾向性。医学界的这一定义强调了体质的研究包括了个体从出生到衰老的全过程，个人的体质状态不仅受遗传的影响，还受到环境的影响。

（3）体育界提出的体质观。体育界对体质的定义：体质是人体在遗传和获得性上表现出来的综合人体的形态结构、生理功能、心理因素等多种特征的相对稳定的状态。体育界提出的这一体质观，主要包括以下多方面的内容。

①个体身体发育水平。
②个体身体机能水平。
③个体的身体素质和运动水平。
④个体心理发育水平。
⑤个体的适应能力。

从体育界对体质这一概念的定义可以看出，体质是一个统一的、相互联系的整体，涉及人体身心两个方面的密切联系。拥有不同种族、民族、地域特征背景的人的体质发展表现出不同模式，既有规律性又有特殊性。同时提出，体质是维持人体健康的基础，一旦越界，体质状况下降，人体正常的生物特性会发生病理病变。要想具备好的体质，不仅需要拥有良好的身体发育状况，健壮的体格，匀称的体型，还需要拥有功能良好的心血管系统、呼吸系统、运动系统等，确保人体能够顺利地应对日常生活和工作中的压力和体力消耗,保证人体心理发育健全,情绪乐观,意志坚强,对突发状况和灾难性事件有较强的抵抗能力。

"体质"作为体育界关注和研究健康问题的独特视角,越来越受到人们的关注。总而言之,对体质这一概念的认识建立在解剖学、生物化学、医学、心理学、社会学、体育等各种学科的基础理论之上,人们需要通过进一步的研究和探索揭示"体质"的本质。

二、健康的概念

俗话说"幸福首先在于健康",可见健康对于一个人有着非常重要的作用。"健康"一词通常是指个体没有疾病,各项机能处于正常的运行状态。日常生活中,人们常常把个体没有受到疾病的困扰,生活质量较高视为健康。《辞海》一书中对健康的定义如下:"人体发育状态良好、体格健壮、各器官系统无不良状况,个体精神状态佳并能够维持良好的劳动效能。一般情况下,个体的健康状况可以通过体格检查和多种不同类型的生理指标衡量。"这一概念的提出虽然较日常使用的"健康"有了更为丰富的内涵,但是仅把人看作生物有机体,而没有把人看作社会人。常见的与健康有关的标准包括以下几点。

①身高、体重等身体指标处于该年龄段发育的正常范围。
②体温、脉搏、呼吸等正常。
③有一定的抵抗能力,不易被感染各种流行性疾病。
④皮肤、头发有光泽,眼睛明亮。
⑤性格开朗活泼,没有心理疾病和心理功能性障碍。
⑥生活作息规律,排便正常有规律等。
⑦精力充沛,生活态度积极,乐于承担责任,事无大小,尽职尽责。

这几条标准较为详细地解释了"健康"这一概念,不仅从体格健康方面提出了诸如身高、体重、皮肤、眼睛的具体健康状态,而且强调保持积极乐观的态度和对外界环境变化(自然环境和社会环境)的较强的应变能力。

第二节　体质与健康的关系

通过检索各种文献材料发现很少有相关研究致力于揭示体质与健康之间的关系,由于相关研究的匮乏,出现人们对体质与健康两词的混用、对二者关系的认识模糊等诸多现象也就不足为怪了。但在现如今,人们对生活质量的要求越来越高,对健康越来越关注,加强对体质与健康二者关系的深刻认识有着非常重要的时代意义。

根据目前的研究成果来看,体质与健康的关系包含以下两点。

（1）体质与健康二者紧密联系,不可将两者割裂开来。具体表现在体质是健康的物质基础,健康是良好体质的外在表现,体质离不开健康,健康也离不开体质。

（2）体质与健康的关系是"特质"与"状态"的关系。人体的质量可以简单理解为体质,质量有好有坏,体质也有好有坏,而健康恰恰体现出了好的体质状态。但即使两个人同样健康,各自的体质也可能存在差别。有相关研究表明,长期进行体育锻炼对人体的体质和健康都大有益处。

第三节　体质发展的影响因素

体质发展关乎一个民族的兴旺,关乎社会的进步,体现一个国家的综合实力。特别是青少年的体质发展状况,其发展状况影响国家和民族的未来,受到国家和社会的重点关注。从体质发展的影响因素来看,主要可分为内部和外部影响因素(表1-1)。体质的强弱受内部外部因素的影响,与遗传、环境、体育锻炼等有密切的联系。遗传是体质状况发展的前提条件,为体质的发展提供可能,但体质也依赖于后天环境、体育锻炼等,有计划、有目的的体育锻炼能够有效增强个体的体质。

表1-1 体质发展的影响因素

体质发展的影响因素	内部因素	先天体能状况、遗传因素
		后天体能锻炼、体育锻炼
		后天生活习惯、摄入营养等
	外部因素	体制因素
		学校和工作环境因素
		家庭因素
		文化环境因素

一、影响个体体质发展的内部因素

（一）遗传因素

遗传作为人体发育的先天因素，在很大程度上影响着个体的体质发展。现代生物学研究发现位于细胞核染色体中的DNA（脱氧核糖核酸）是遗传物质，子代获得父母双亲的DNA，得到与父母双亲相同的遗传性状。人体的形态肤色等体质状况均受到遗传的影响，但不同性状受遗传的影响程度不同，其中，个体形态中75%的部分来自遗传，有氧代谢能力和摄氧能力中有75%～95%受遗传影响，身体素质状况和运动能力也与遗传密不可分。可见，体质的强弱与遗传有很大关系，大部分性状以遗传因素为主。但遗传学观点认为，个体的外部表现是先天遗传因素和后天环境因素相互作用的结果。为了估计先天遗传因素和后天环境因素对某一性状表现所起的作用，科学家们引入了遗传度这一计算方法，遗传度指在某一性状的总变异中，遗传因素所占的具体比例，一般用"%"来表示。遗传度高则对应的性状受遗传因素的影响大。

（1）形态指标的遗传度。

人体形态指体表性状，其主要受遗传因素的控制，不同形体部位的遗传度有所不同（表1-2）。

表1-2 形态指标的遗传度(%)

指标	男	女	指标	男	女
身高	75	92	头围	90	72
坐高	85	85	胸围	54	55

续表

指标	男	女	指标	男	女
臂长	80	87	臂围	65	60
腿长	77	92	腿围	60	65
足长	82	82	体重	68	42
头宽	95	76	去脂体重	87	78
肩宽	77	70	心脏形态	82	82
腰宽	79	63	肺面积	52	52

（2）生理指标的遗传度。

受遗传因素影响的生理机能水平会影响个体的运动能力，各生理指标的遗传度有所差异（表1-3）。血型、月经初潮时间、神经系统功能等生理指标的遗传度很高，较难通过后天对其改造。

表1-3 生理指标的遗传度(%)

指标	遗传度	指标	遗传度
安静心率	33.0	神经系统功能	90
最大心率	85.9	月经初潮时间	90
肺通气	73.0	血型	100
最大摄氧量	69.0~93.6	血压	42

（3）生化指标的遗传度。

人体的生化过程、代谢特征主要由遗传因素决定，不同生化指标的遗传度有所不同（表1-4），生化特征能够直接影响个体的运动素质和生理机能。

表1-4 生化指标的遗传度(%)

指标	遗传度	指标	遗传度
CP、ATP含量	67~89	血乳酸最大浓度	60~81
线粒体数量	70~92	乳酸脱氢酶的活性	65~87
肌红蛋白含量	60~85	红白肌纤维比例	80
血红蛋白含量	81~99		

① CP、ATP：其含量与无氧条件下磷酸系统的功能直接相关。

②线粒体：人体细胞中重要的细胞器，在线粒体中可进行有氧代谢生成ATP。线粒体的数量和质量直接关系到人体的有氧代谢水平。

③肌红蛋白：存在于肌红细胞内，与氧有较高的亲和力，在肌肉进行工作时以最快速度提供氧气，肌红蛋白的含量直接关系到细胞的有氧代谢能力。

④血红蛋白：运输氧和二氧化碳，与人体的能量代谢密切相关。

⑤血乳酸最大浓度和乳酸脱氢酶的活性：反映人体无氧代谢过程中糖酵解的能力。血乳酸浓度的变化可以反映出人体有氧与无氧代谢的水平，乳酸脱氢酶的活性越高，糖酵解生成乳酸的能力和乳酸氧化的能力越强。

（4）运动素质的遗传度。

运动素质指和运动成绩直接相关的身体素质，其中包括反应速度、动作速度等。运动素质受多基因遗传控制，不同运动素质的遗传度有所不同（表1-5）。

表1-5 运动素质的遗传度（%）

指标	遗传度	指标	遗传度
反应速度	75	相对力量	64
动作速度	50	无氧耐力	85
动作频率	30	有氧耐力	70
反应潜伏时	86	柔韧性	70
绝对力量	35		

从表1-5可见，反应潜伏时受遗传度的影响最大，反应潜伏时指人体受到某种刺激后到做出相应机体反应的时间。这一素质的遗传度高达86%，可见，反应潜伏时基本靠先天遗传，后天环境对其影响很小。

（5）智力的遗传度。

智力一般指一个人的认识水平和行为水平，是各种能力的综合。个性特征反映了一个人的整体精神状况、精神面貌。研究结果表明，智力的遗传度在70%左右，包括基本情绪、活力等在内的不同个性特征的遗传度存在差异（表1-6）。

表 1-6　智力的遗传度(%)

指标	遗传度	指标	遗传度
基本情绪	75	运动速度	93
活力	79	判断的果断性	96
思考能力	72	对反对的抵抗	95
心理状态	60	柔顺性	91
意志坚韧	77	运动冲动	90
意志坚韧性	83	好奇性	87
对矛盾的反应	80	冲动协调	86

(二)体育锻炼

进行适当的体育锻炼有很多好处。比如,能够促进人体的发育;提高人体基本活动的能力;延迟衰老,保持活力;提高人体免疫能力,防止疾病;提高人体适应外部环境的能力;等等。体育锻炼对人体有健身、健美、健心的作用,能够有效增强人的体质,促进人体处于健康状态。

1. 体育锻炼促进人体身心健康

体育锻炼的普及性较强,对人体身心健康有较强的促进作用,其对身心健康的促进作用具体表现在以下几个方面。

(1)体育锻炼的健美作用。健康的内涵中包含端正的五官、发育正常、肌肤有光泽等。但是由于先天遗传和后天生活习惯的限制,大部分人对自己的身材形体并不满意。长期进行体育锻炼能使肌肉发达,身体各部位得到很好的发育,从而达到体型美、动作美的效果。另外,处于生长发育期的青少年进行体育锻炼有助于骨骼的生长、身体的增高。

(2)体育锻炼的减肥作用。体育锻炼与节食减肥和药物减肥不同,是最有效的减肥方法,体育锻炼通过运动加大对体内脂肪的消耗,促进体内多余脂肪的氧化分解,在消耗脂肪的同时还增强了肌肉。

(3)体育锻炼舒缓情绪、愉悦身心。人在社会生活中免不了要承受各种各样的压力,使精神处于紧张状态。体育锻炼能起到缓解紧张、释放压力的作用。在进行体育锻炼时,大脑会分泌一种叫"内啡肽"的物质,这种物质可以有效缓解疼痛,抑制低落情绪,使神经系统处于一种兴奋的状态。

2. 体育锻炼有效预防疾病

（1）体育锻炼能够有效防治高脂血症。适度的体育锻炼能够降低锻炼者血浆胆固醇和血清甘油的浓度，使动脉血管壁的弹性增加，防止血管硬化。在运动的同时，人体能够产生高密度脂蛋白，清除沉积在血管壁上的血脂，并把它转运到肝脏，进行分解消化。

（2）体育锻炼能够有效防治心脏病。40岁以上的脑力劳动者易患心脏病，体育锻炼能够改善冠状动脉循环，降低血脂浓度，减少心肌缺氧缺血的情况，从而达到增强心脏功能、防治心脏病的功效。

（3）体育锻炼能够有效防治关节疾病。人在进行体育锻炼的时候，全身关节都会进行活动，如上下肢关节进行屈伸、旋转等动作，从而使肩关节、肘关节、髋关节、踝关节得到全面锻炼，有效提高了关节的灵活性，对风湿性关节炎起到了防治的作用，同时能够缓解骨质疏松。

3. 体育锻炼对神经系统的影响

机体神经系统包括由脊髓和脑组成的中枢神经以及遍布全身的外周神经。神经系统连接各个器官系统，对人体活动进行控制和调节。体育锻炼对神经系统的影响主要表现在以下两个方面。

（1）体育锻炼使神经系统反应更敏锐、准确。在进行体育锻炼时，相关动作是肌肉、关节等部位在神经系统的控制与支配下完成的，神经系统不仅控制和调节人体动作，还可以检验动作的完成程度，使各关节、肌肉的动作更敏锐、准确。

（2）体育锻炼增强神经系统的反应能力和调节功能。体育锻炼过程中少不了左右侧身体的相互配合，左右侧身体的密切配合能够促进大脑左右两半球的均衡发展。体育锻炼时出现的刺激可以增强神经系统的反应能力，使神经系统对外界环境做出快速反应，有更强的调节功能。例如，当外界温度升高时，神经系统会命令皮肤增大血流量，张开表面毛孔，使汗液排出，进行散热。

二、影响个体体质发展的外部因素

(一)体制因素

个体的体质发展受到体制因素的制约。例如,青少年体质健康水平与应试教育体制息息相关。国家、各省市教育部门对我国青少年体能锻炼的重视程度不高,教师、家长千方百计地占用学生的课余时间,目的是为了提升学生的学习成绩和升学率,却忽视了学生的体质发展,很多学生出现了生理、心理不适应高强度学习生活的情况。

(二)学校和工作环境因素

学校的工作重心在于提高学生中考、高考成绩的上线率,毕业生的高校录取率,企业的工作重心在于提升公司的利润和规模,使公司的收益不断攀升。学校、社会的巨大压力最终都落在每一个学生和员工的身上,导致大部分的学生和企业员工无暇顾及自身健康和体质发展,体质羸弱已经成了不可避免的趋势。除此之外,校方和社会本应设置和开展一些体育活动,建设基础的体育设施,但是由于相关教学人员和企业领导的不重视和不作为,使得个人体质健康的基本能力没有得到充分发展,学生和员工也没有通过体育锻炼培养起相应的体质健康意志品质和运动技能,从国家和社会的长远发展来看,这种形势不容乐观,亟待改善。

(三)家庭因素

家庭成员的体育价值观能够相互影响,良好的体育价值观能有效促进家庭成员的体质发展。每个家庭不应该把生活重心仅放在收入支出、子女教育、工作待遇等方面,造成家庭成员的体力劳动、体育锻炼时间明显减少,以至于体质健康不能得到很好的促进,怕苦、怕累的思想蔓延,缺乏通过持之以恒的刻苦锻炼养成健康体魄的意志品质。

（四）文化环境因素

体质的发展状况无疑会受到文化大环境的影响。社会的快速发展，经济文化等客观物质条件的丰富，特别是目前便利的交通条件，使得越来越少的人选择骑车或步行出行，锻炼的时间大大减少。与此同时，电脑、智能手机等一系列电子设备的出现占据了人们原本用来参与体育活动的大量时间，娱乐活动日渐单一，很少人会关注自身的体质发展状况，在业余空闲时间积极进行体育锻炼。

在我国文化发展的背景之下，中华传统文化缺乏对体质健康促进的重视，通过体能锻炼促进体质发展的意识和观念较为薄弱，我国公民的体质健康下降速度明显。另外，中国的网民数量越来越多，网络文化的兴起使人们将大量室外健身活动转到室内，造成了大家在运动训练中出现眼高手低的现象，体能训练效果差，极大地影响了个体的体质发展。

第四节　健康新观念

随着社会的进步和发展，健康的含义不再是传统意义上的没有疾病，而是出现了健康新观念。世界卫生组织提出了现代健康观，即健康指一个人生理、心理、社会上的完好状态。其中，好的社会适应性取决于良好的生理和心理素质。心理是一个人的精神支柱，身体是一个人的物质基础。消极低沉的情绪状态可以使人的身体状况下降，从而引发各种疾病，而积极乐观的情绪状态则可缓解或消除某些疾病，使生理功能处于最佳状态。身体状况的改变反过来又会影响一个人的心理状态，当一个人的身体上有某种缺陷，人往往会变得烦躁、抑郁、焦虑不安。因此，要想成为一个健康的人，需要关注自身的生理、心理和社会适应性三个方面的情况。

一、健康新观念的基本内涵

近年来，我国开始重视个体的心理状况和社会适应力对健康的影响。健康被重新定义为个体在身体、精神、社会等各个方面具备的良好状态,不仅涉及"无病即健康"的基本要求,更强调个体的心理健康、社会健康、道德健康,等等。世界卫生组织(WHO)对健康这一概念进行了深化,认为健康包括身体健康、心理健康、道德健康、良好的社会适应力等多个方面的内容。

(1)身体健康:躯体结构和功能正常,能够做到生活自理。

(2)心理健康:个体能够正确认识和看待自己,有较高的自尊,能够适应外界环境的变化,及时调整自己的心态。

(3)道德健康:能够遵守社会规范,拥有良好的个人品德和思想情操。

(4)良好的社会适应力:能够以积极的态度应对生活中的诸多变化。

综上所述,真正的健康能够保证一个人的身心状态处于最佳状态,确保个体享受高质量的生活。

1. 健康的新标准

世界卫生组织为了使人们更好地掌握自身健康情况,提出了易于理解的"五快三良好"的新标准。

(1)"五快"是生理健康标准。"五快"标准分别指吃得快(说明一个人胃口好,内脏功能正常)、排得快(说明一个人的肠胃功能良好)、睡得快(说明一个人中枢神经系统功能协调)、说得快(说明一个人思维敏捷,反应良好,心肺功能正常)、走得快(说明一个人下肢运动状态良好,不受疾病和衰老的困扰)。

(2)"三良好"是心理健康标准。"三良好"标准分别指良好的个性(指一个人性格温和,意志坚定,不过分沉溺于烦恼、忧伤、痛苦之中)、良好的处事能力(指一个人有能力根据事态的发展变化做出合适的反应,具备良好的自我控制力)、良好的人际关系(指一个人与人为善,不斤斤计较,助人为乐)。

2. 亚健康

介于健康与疾病之间的状态被称为"亚健康",主要表现为生理功能低下。亚健康状态虽然没有明显的临床症状,但已有潜在的发病倾向。处于亚健康状态下的患者机体结构开始退化,心理处于失衡状态,他们通常容易疲劳,体质虚弱,失眠多梦,注意力难以集中,严重者甚至不能进行正常的工作和学习。

很多因素会导致个体出现亚健康状态。例如，生活工作压力大，导致身心透支；不吃早饭、暴饮暴食，生活习惯不规律、不科学导致机体失调；环境污染和大量有害物质损害身体的正常机能；等等。亚健康状态属于一种不稳定状态，既可通过合理的调整趋于健康，也可逐渐恶化导致最终的疾病。因此，处于亚健康状态的人需要尽快调整自己的身心状况，克服不良的生活习惯，提高自身素质，争取早日成为健康的人。

处于亚健康状态的人可以采取多种措施实现对自我的有效调控。以下的调控方法可供参考。

（1）学会合理安排时间，为休闲娱乐分配一定的时间。可以选择听音乐、看电影、旅游等方式为自己减压，只有做到劳逸结合、张弛有度，才能从高度的紧张状态中解脱出来，更好地投入接下来的学习和工作之中。

（2）保证充足的睡眠和有规律的作息，调整自己的生物钟。

（3）积极参加体育锻炼，制订合理的运动计划，选择自己感兴趣的运动项目，如骑车、体操等，通过较高强度的体育锻炼缓解紧张，增强自身体质。

（4）饮食注意以清淡为主，避免大量摄入高油脂、高热量食物。过量食用高油脂、高热量食物会堵塞动脉血管，损伤大脑功能，诱发多种疾病。一些已经进入慢性疾病状态的人应及时求助于中医，在中医的指导下，调整自己的饮食习惯，适当尝试一些调节人体免疫功能、强化体制的补药或保健食品。

（5）压力产生时，及时找人倾诉，进行心理调适与疏导，避免长期处于不健康的心理状态。

二、身体健康

身体健康是个体开展各项活动的基础，人们通常可以根据自己的身体表现判断自己的身体健康状况，如查看自己的指甲颜色、尿液颜色、伤口修复情况、皮肤状态、睡眠状况等，若人体符合健康的特征通常被视为身体健康。更加详尽科学的身体健康测定可以通过体质测评实现。我国国民可将我国颁布的《国家体育锻炼标准》《国民体质测定标准》《中华人民共和国体育法》（以下简称《体育法》）等作为检测自己身体是否健康的依据。

三、心理健康

美国著名学者马斯洛提出了10条心理健康评价标准(表1-7)。

表1-7 心理健康标准

序号	心理健康标准
1	有安全感
2	了解自身特点,明确自身所具备的能力
3	自身的理想追求符合现实情况
4	不脱离周围社会环境并能适当融入
5	能够保障自我人格的完整与协调
6	有一定反思能力,能够从生活中汲取经验
7	有良好的同伴交往经验,人际交往能力
8	有调控自身情绪的能力
9	在不违背社会规范的前提下,能发挥自身个性
10	能在社会规范允许的范围内满足自身需求

我国学者根据各方面的成果,归纳出了和心理健康相关的几项指标。

(1)了解自我,接纳自我。一个心理健康的人能体验到自己的存在价值,既能了解自己,又能接受自己,具有自知之明,即对自己的能力、性格、情绪和优缺点能做出恰当、客观的评价,对自己不会提出非常苛刻的期望与要求;对自己的生活目标和理想也能制定得切合实际,因而对自己总是满意的,同时,努力发展自身的潜能,即使对自己无法补救的缺陷,也能安然处之。[①] 相反,若一个人心理不健康,则总是对自己感到不满意,制定不切实际的目标与理想,想要做到十全十美但无奈于自己实力有限,于是过度的自责、自卑,心理状态长时间得不到平衡。

(2)接受他人,与人为善。一个心理健康的人不仅能接纳自我,也能接纳他人,发现别人身上的闪光点和存在的价值。同时,自我被他人理解,被集体接受,能与他人和谐相处,融入集体生活之中,在独处之时也能够泰然处之,不感到孤独。在与他人相处的过程之中,积极的态度

---

① 刘星亮.体质健康概论[M].武汉:中国地质大学出版社,2010.

(如同情、友善等)远多于消极的态度(如嫉妒、猜忌等),在社会生活之中有较强的安全感。

(3)热爱生活,积极投入学习和工作之中。一个心理健康的人在大多数时间十分珍惜和热爱生活,在人生之旅中充分探索,寻找乐趣。在学习和工作中,充分发挥自己的才能,从中获得满足感和自我效能感。并且随时随地积累各种信息和知识技能,丰富自身的工作经验,应对工作中出现的新挑战、新困难,让自己在工作和学习中变得越来越得心应手。

(4)勇于面对现实,接受现实,改善现实状况。一个心理健康的人能做到不逃避现实,对周围环境做出客观的评价,与现实环境保持接触,主动地适应环境,制定出符合实际状况和自身发展状况的目标,尽最大努力去改善现实状况。

(5)心态、心境状况良好,能够协调和控制自我情绪。一个心理健康的人大部分时间保持愉快、乐观、开朗的积极情绪状态,当遇到不顺心的事,能够适当控制和调节自身情绪,不会长期处于低落、抑郁等负面情绪之中。在社会交往中,能时常感到满足,保持乐观的态度。

(6)人格结构完整统一。一个人的人格结构包括气质、能力、性格等,一个心理健康的人需要在动机、兴趣、信念、人生观等各方面平衡发展,使个体人格完整、和谐地表现出来。思考方式、待人接物不偏激,整个人格结构是一个统一的整体。

(7)智力正常。智力正常是一个人心理健康的重要标准,只有智力正常才能保证人的正常生活。智力包括一般智力和特殊智力,是各种能力(如言语能力、逻辑能力、自然探索能力等)的综合。低智力的人也称不上心理健康。

(8)心理状况和心理行为符合对应年龄阶段的具体特征。在人的毕生发展过程中,不同年龄阶段会对应不同的心理行为表现,形成独特的心理图式。如果一个人的心理行为严重偏离自己的年龄特征,通常会被视为是不健康的。

我们可以依据上述标准自我审视和评估自己的心理健康状况,但是严格来讲,只有经过临床心理学家的测查与诊断才能得出相对科学、客观、准确的结论。心理异常的诊断与治疗会涉及心理异常原因的分析、机理、结构的确定,临床治疗方案的选择等多方面的内容,心理异常的实质是大脑结构或功能的失调,导致个人对外界事物反应的紊乱,反映了个体某种自我概念的异常和个人在社会生活上的适应性障碍。但是在人群中准确辨别出心理异常的个体并非易事。

四、社会健康

人既是有着各种器官等身体组织的生物人，又是有着独特情感体验和个性的社会人。每个人都处在不同的人际关系网络中，在社会生活中扮演着各种各样的角色，如母亲、子女、学生等角色。个人与社会的适应情况充分表现在自己对他人、对所处团体、社会的态度上，表现在与他人进行的实际的交往活动之中。如果一个人在成长过程中，不管在哪所学校学习，哪个单位工作都与他人相处不来，常常抱怨自己的生活工作环境，那么这个人的社会健康水平就不高，需要付出一定的努力改善自己的社会交往能力。

社会健康又被称为社会适应，指个体与外界社会环境通过积极的互动与他人建立起了良好的人际关系，在社会中找到属于自己的合适的位置，适应和实现自身社会角色的能力。

迄今为止，社会健康还没有客观科学的评价标准，但是有相对主观的评价方法。通常可以根据以下几方面内容对一个人具体的社会健康状况做出评价。

（1）能够平静地看待自己与他人的差异。

（2）与家庭内部成员和睦相处。

（3）有自己的朋友圈子，至少有一个朋友可以作为倾诉的对象。

（4）和他人共事时，能够根据实际情况接受他人合理的建议。

（5）当自己的意见与团体内其他成员的意见不一致时，能够暂时保留自己的不同意见，完成手头上的工作。

（6）乐于与人交往，主动构建起稳定、广泛的人际关系网络。

（7）在交往过程中，对他人进行客观的评价，多发现和学习别人的长处，促进双方的共同进步。

人际关系状况（包括与家人、朋友的关系等）极大影响一个人的身心健康，人们需要掌握一定的人际交往技能，真诚地对待他人，在社会生活中找到归属感。也可以通过适当的体育锻炼促进人际交往，培养合作精神与竞争意识，逐步提升自身的社会健康状况。

第五节 体质与健康研究内容

从社会发展的角度来看,国民体质的健康状况不仅与个人的身体健康相关,也在很大程度上关系着国家的前途和命运。每一个体育工作者都需要积极投身于国民体质与健康的研究,致力于用科学的方法评估个人的体质和健康状况,改善和增强个人体质。

一、体质研究内容

目前,物质文明日益丰富,各种疾病却纷至沓来,个人的健康问题受到人们的广泛关注,体质作为健康的衡量标准成为各国研究者和专家关注的焦点,对体质内容的研究愈来愈深入,研究范围逐步扩大和趋于统一,体质研究逐步成为一个非常复杂的系统性工程,各学科之间的交叉性和联系性非常强,但是某些观点和具体的体质测量指标还未达到一致。

体质研究的内容包括体格、体能、生理机能、适应能力和心理状态等五方面的内容(图1-1)。

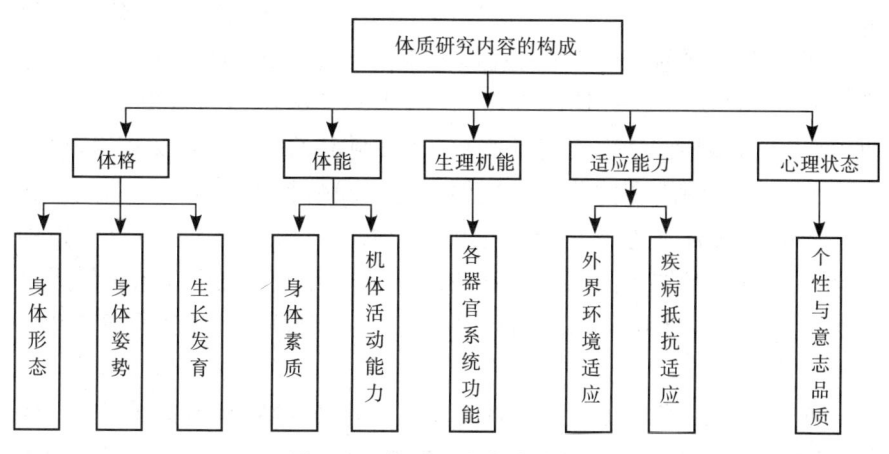

图1-1 体质研究内容的构成

(1)体格:包括身体形态、姿势、生长发育在内的人体形态和结构的发展状况。

（2）体能：人体的器官系统在肌肉活动中表现出来的功能和具体能力，包括力量、速度等的身体素质和跑、走、跳等的机体活动能力。

（3）生理机能：各器官系统的功能，如心血管系统功能、呼吸系统功能等。

（4）适应能力：人体随着外界环境的变化做出的自我调整的能力，主要体现在对外界不利因素和环境变化的应激调节和对疾病的抵抗适应能力。

（5）心理状态：个体的心理品质和心理过程，包括一个人特有的个性和意志品质等。

以上五个方面内容决定着一个人的体质状况，体质具有综合性和全面性的特点，因此，对体质强弱进行测量与评价时需要采用多项指标。

（一）国内体质研究概况

1. 国民体质建设

中华人民共和国成立以来，我国党和政府先后推广了广播体操、保健操等，并制定了相应的体育锻炼标准。标准的制定与实施有利于了解我国国民的基本素质和体质状况。

改革开放以来，我国教育部、卫生部、民政部、国家计委、国家体育总局、国家统计局等部委在全国30多个省（自治区、直辖市）建立国民体质健康监测系统，正式在大规模范围内启动我国国民的体质健康监测工作，通过实施这一具体工作，我国获得了国民体质健康的基础数据，建立了监测数据库，组建了监测队伍，制定了监测工作法规，构建了体质健康监测网络和监测体系框架。监测网络和体系框架的建立为进一步推动全民体质健康研究和全民健身提供了科学依据，有利于把国民体质健康状况纳入国家社会发展的综合评价体系之中。国民体质健康监测工作实现了国民体质的科学化建设，充分落实了《全民健身计划纲要》。

青少年作为我国社会主义的接班人，其体质健康状况受到我国政府的高度重视，我国政府把青少年学生的体质建设作为国民体质建设的重点。我国体育与教育管理部门先后发布了《中学生体育合格标准》《小学生体育合格标准》，通过对"青少年体质健康"的测试与评价，促进了学校体育工作的广泛开展，在学校的体育教学、两操等一系列体育达标活动中,学生的身体机能、身体素质和运动能力得到了大幅度的提升,促进学生积极参加体育锻炼,养成良好的运动习惯。2001年我国又颁布了《学生体质健康标准(试行方案)》并于2002年开始实施,《学生体质健康标准(试行方案)》有效促进了学生的身体发育和身体素质的全面提高,在学校体育教育中摆脱了"考什么练什么"的应试考试弊端,实现了"教考的分离"。国家体育部和教育总局在推广和实行试行方案的过程中,结合实际情况和我国发展的新局势,对《学生体质健康标准(试行方案)》进行了修改和完善,正式颁布了《国家学生体质健康标准》,对不同年龄阶段的学生提出了具体的体质健康要求。从此,《国家学生体质健康标准》成为我国体质建设、测评、研究工作的重点,成为一项国家的体育和教育制度。

2. 国民体质测评

体质测评能够有效地反映国民的体质状况,是指导国民进行体育锻炼的重要依据,具有十分重要的现实意义。

我国的体质测评指标主要包括三大指标(形态学指标、素质指标、技能指标),三大指标需要配合反映人体健康的医学指标才能比较全面地反映国民的体质状况。1996年原国家体育委员会发布了《中国成年人体质测定标准施行办法》,使国民体质的测评工作开始在全国城乡范围内进行。2003年我国颁布了《国民体质测定标准手册》,该标准根据不同年龄人群在体质方面的特征,分为幼儿、青少年、成年、老年4个部分[1]。其标准的制定是落实《中华人民共和国体育法》和《全民健身计划纲要》的一项重要工作,体现了党和国家坚持体育为人民服务的根本宗旨。

(1)国民体质测定标准(幼儿部分)。《国民体质测定标准手册》(幼儿部分)适用于3~6岁的中国儿童,按照年龄、性别分组,共分为14组。其中,3~5岁每0.5岁为一组,6岁单独为一组。

①测试指标。测试指标主要包括形态和素质两大类(表1-8)。

表1-8 测试指标(幼儿部分)

类别	测试指标
形态	身高、体重
素质	10米往返跑、走平衡木、立定跳远、网球投掷、双脚连续跳、坐位体前屈

---

[1] 南海艳.现代教育观、健康观、体育观[M].沈阳:东北大学出版社,2009.

②测试方法。受试者不应在测试前进行剧烈运动,应穿运动服和运动鞋参加测试。不同的测试指标应采取不同的测试方法。以测定爆发力的立定跳远为例,需要用到沙坑(或软地面)、卷尺和三角板等仪器,测试时要求受试者两腿分开,站在起跳线后,有节奏地摆动双臂,双脚用力蹬地起跳,最终测量起跳线与脚跟之间的直线距离(图1-2)。同时受试者需要注意在起跳前不能有垫脚跳的动作。

图1-2 立定跳远示意图

(2)国民体质测定标准(成年人部分)。《国民体质测定标准手册》(成年人部分)适用于20~59岁的成年人。按照年龄、性别分组,共分为16组。其中,每5岁为一组。具体的测试指标主要分为形态、机能、素质三大类(表1-9)。

表1-9 测试指标(成年人部分)

类别	测试指标	
	20~39岁	40~59岁
形态	身高、体重	身高、体重
机能	肺活量、台阶测试	肺活量、台阶测试
素质	握力 俯卧撑(男)、仰卧起坐(女) 纵跳 坐位体前屈 选择反应时 闭眼单脚站立	握力 坐位体前屈 选择反应时 闭眼单脚站立

(3)国民体质测定标准(老年人部分)。《国民体质测定标准手册》(老年人部分)适用于60~69岁的老年人。按照年龄、性别分组,共分为4组。其中,每5岁为一组。具体的测试指标与《国民体质测定标准手册》(成年人部分)的指标相似。

3. 我国学生体质研究的成果

根据我国最新的体质与健康调查结果表明,我国青少年学生的体质健康状况随着国民生活水平的提高得到明显的改善。其体质健康的总体情况表现在以下三个方面。

(1)营养摄入量逐年攀升。与20世纪末相比,7～22岁青少年学生的营养状况得到改善,城乡学生中低体重、营养不良学生的比率降低,重度营养不良的情况基本消灭。

(2)形态发育情况进一步向好。我国青少年学生的身高、体重、胸围等发育指标呈现逐年增长的趋势,与20世纪末相比,学生的身高平均增长0.4厘米,体重平均增长0.7千克,乡村男女学生的发育指标增长率大于城市男女学生。以往儿童少年学生中常见的"豆芽菜"体型逐渐减少,身体发育得愈发匀称。与此同时,我国青少年学生在发育中出现了生长速度加快、生长水平提高、青春期发育提前等情况。

(3)一些常见疾病的发病率明显下降。青少年中的龋齿患病率、蛔虫感染率、低血红蛋白检出率下降。

(二)国外体质研究概况

美国、日本、法国在19世纪末率先开始制定学生的体质测试,经过一个多世纪的研究与发展,各国的体质研究均取得了一定的成果,呈现出自身发展的特色,从体质概念的提出到体质内容的确定,从体质内容的评价到体质测量指标的变更,从学校体育的重视与改革到全民健身计划的倡导,一切发展都有各国各自的特点。

1. 日本体质评价标准的变更

在世界范围内,日本拥有的关于青少年体质的调研材料最多,其对体质评价的标准随着政治和经济环境发生着变化,其变化主要划分为三个阶段(表1-10)。

表1-10 日本体质评价标准变革的三个阶段

年份	阶段	体质的具体评价标准
1945年之前	战前酝酿阶段	身体活动能力调查,包括八项指标:身高、体重、胸围、上臂围、肺活量等
1945～1960年	战后调整阶段	8～18岁的"体力测定",包括跑、跳、投、悬垂等的测定

续表

年份	阶段	体质的具体评价标准
1960年之后	快速发展与改革完善阶段	修订和颁布了许多新的测试指标

从20世纪70年代开始,日本社会由于科学技术的迅猛发展逐步实现信息化、国际化、多样化,先进的技术水平、经济状况为国民体质的测定和学校体育的变革提供了物质基础。1963年文部省颁布了《小学低、中年级运动能力测验实施要案》,1964年为10~29岁的小学高年级学生、大学生、青年颁布运动测验实施要案,要案中要求青少年必须进行体力诊断测试和运动能力测试。1967年对30~59岁壮年进行体力能力测评并注重体质测试的开放性,为国民提供统一的《体力、运动能力报告书》。此后,日本文部省又对《体力、运动能力报告书》进行了修改,提出了新的测量指标。新的体力测定体系包括反复横走、1 500米快走或跑、立定跳远等新的测定指标,减轻了测试实施工作的负担。

2. 美国体质评价标准的变更

经济和科学技术高度发达的美国十分注重国民体质的研究。美国的体质研究与学校课程紧密结合,在不同州和学校开展独具特色的健身活动,推进国民体质健康。美国在体质研究方面有着较长的历史,提出了许多精辟的学术思想、超前的实验手段。美国AAHPERD协会(健康、体育、娱乐、舞蹈协会)对体质做出了如下解释:表现个体有效活动程度的具体状态,并提供了一些关于青少年体质的测试指标(表1-11)。著名学家Cureton提出了体质的三要素:体格、机能能力、运动能力。

表1-11 美国(AAHPERD协会)青少年新旧体质测试指标[1][2]

旧测试指标	新测试指标
50米跑、往返跑	1英里跑或走
立定跳远、悬垂	皮脂厚度、身体密度指数
仰卧起坐、投实心球	坐位体前屈
600码跑	引体向上

[1] 1英里≈1609米。
[2] 1码=0.9144米,600码=548.64米。

随着时代的改变,体质的概念也随之变化。与体质对应的身体素质指标从最初的测量"跑、跳、投的熟练性"等一系列运动能力,拓展为包括提高运动成绩相关的运动素质和增进健康相关的健康素质在内的两方面内容,一些与人体健康没有直接关系的项目,如高水平速度、爆发力和上肢力量等,从美国体质普查中删除。测试指标逐渐从"运动技术指标"过渡为"健康指标"。

3. 法国体质测验的变革

早在19世纪后期,法国出于战争、防御等目的开始施行体力测定。之后的体力测定主要是为了提高国民体质、增进健康、促进国家的经济发展。

1956年法国制定了针对学生的《体育及格测验标准》,1975年进行修改后,将其正式命名为《青少年身体测验标准》。不同于单纯将运动素质作为身体体质测定的《体育及格测验标准》,20世纪70年代提出的《青少年身体测验标准》将身体素质分为运动素质、健康素质两个不同的概念,运动素质涉及与提高运动成绩相关的身体素质,健康素质特指身体素质中对增进健康和预防某些疾病有关的素质。此后,法国又发布了新的《体质健康测试》,此测试法包括1.5英里(1英里≈1609米)跑、1分钟仰卧起坐、三角肌测定和肌肉力量测定、心肺功能测定等内容,强调运动素质、健康素质不仅对运动员很重要,对每个人也十分重要。运动素质(如速度、爆发力等)和遗传相关性较大,而健康素质具有后天可塑性,每个人都可通过锻炼提升自己的健康素质。新测试法正是在科学的基础上,鼓励青少年多参加体育锻炼,增进自身的身体健康。

二、健康研究内容

健康研究的内容十分丰富且涵盖范围越来越广,从单一维度的身体健康发展为三维甚至五维健康,未来可能将"伦理健康""情感健康"也纳入健康研究的范畴。健康研究主要包括三方面的内容:环境因素、生物学基础和锻炼因素(图1-3)。

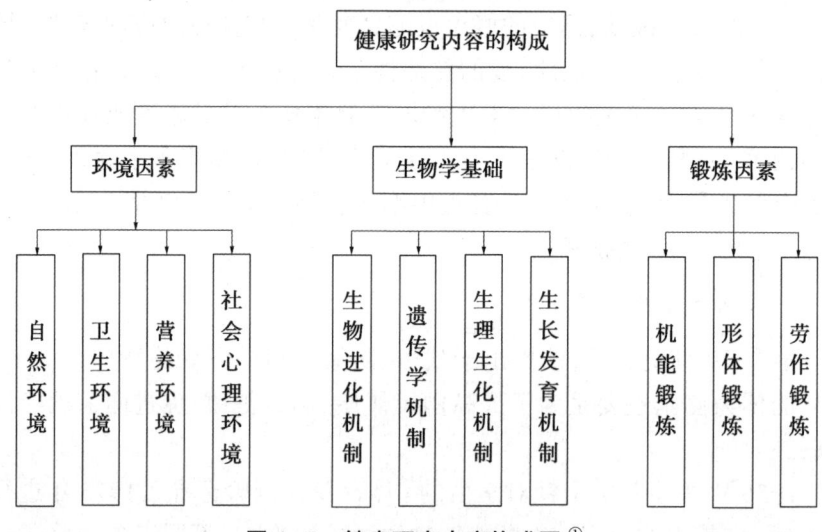

```
                    健康研究内容的构成
          ┌──────────────┼──────────────┐
       环境因素         生物学基础         锻炼因素
    ┌──┬──┬──┐      ┌──┬──┬──┐      ┌──┬──┐
    自  卫  营  社      生  遗  生  生      机  形  劳
    然  生  养  会      物  传  理  长      能  体  作
    环  环  环  心      进  学  生  发      锻  锻  锻
    境  境  境  理      化  机  化  育      炼  炼  炼
              环      机  制  机  机
              境      制      制  制
```

图 1-3 健康研究内容构成图 [①]

（一）健康与环境因素

（1）自然环境：包括水、土、大气等人类生态系统中各种自然因素的总和。自然环境对人体健康有着直接的影响。如今工业化速度加快，水土流失、河流污染、全球变暖、臭氧层稀薄等自然生态环境的破坏对人体健康也造成了很大的伤害。

（2）卫生环境：包括饮食卫生、环境卫生、运动卫生等人体生存环境中各种物质条件的卫生与要求。卫生环境极大地影响人们的身心健康，差的饮食环境、运动环境会增加人体患病的概率，使人体处于亚健康状态或疾病状态。

（3）营养环境：恰当的营养环境作为有机体组织的物质基础能够促进人体的生长发育。改善餐食、丰富膳食营养能够提高人体的健康水平。

（4）社会心理环境：包括人类赖以生存的社会经济、文化、历史等环境和心理氛围。社会心理环境会对一个人的健康产生巨大的影响，当个人处于适宜的环境中，其身体、智能、情绪与他人协调统一，有幸福感，能妥善处理人际关系，心境发展达到最佳状态。相关研究表明，社会文明越进步、发达，人的心理感受就会越复杂，构建健康的积极向上的社

[①] 刘星亮．体质健康概论[M]．武汉：中国地质大学出版社，2010．

会心理环境对人们的身心健康有着重大意义。

(二)健康与生物学基础

(1)生物进化机制。生物进化过程会经历漫长的时间,具有一定的规律性,人类进化受生物进化规律的支配。人体内部各个器官进行的生物进化是一种保护性的反应,这种反应促使人体适应外界环境的变化,提高机体的健康水平。

(2)遗传学机制。父母与子女之间在各特征性状上的遗传与变异对个人的体质与健康有着非常重要的影响。

(3)生理生化机制。人体的生理生化过程保证了生命的生存,是机体耗能结构与外界进行能量和信息交换的基本运动形式。交换过程中的有序现象是保持机体健康的基础和前提。

(4)生长发育机制。生长指细胞不断繁殖,人体从小变大,从轻到重的量变过程。发育指在生长的量变过程中,人体各器官、组织在功能上的专门化,是人体形态和机能的完善与成熟。

(三)健康与锻炼因素

体育锻炼是体育活动的主要形式,体育锻炼可以促进人体机能的全面发展,提高人体走、跑等的基本活动能力,塑造良好的形体和姿势,增强人体对外界环境的适应能力。劳动是人类生存和发展的必要条件,劳动锻炼对健康的作用也不容忽视。劳动分为脑力劳动和体力劳动,脑力劳动不仅能够提升个人智力,也在很大程度上改善人们的身心状态,促进人体身心健康。适度的体力劳动也能有效促进人体形态结构、身体机能的全面发展。可见,劳动不单是一种谋生手段,更是体育锻炼的重要组成部分,对于提高个人健康有很大的帮助。

第二章　青少年体质健康基本状况解析

社会生活发展到今天，人们已经充分认识到了体育运动的重要性，而引导青少年进行体育锻炼、促进青少年的身体健康，也早已经成为一个社会问题。针对青少年开展体育活动，首先就要对青少年进行全面的了解，本章从青少年体质健康基本状况入手，总结了青少年的身心发展特点和当前体质健康状况，并且对《国家学生体质健康标准》进行了解读。

第一节　青少年身心发展特点

一、青少年的心理发展特点

青少年时期是人生的一个特殊时期，青少年们开始从儿童的世界向成人的世界过渡，心理状态上也在经历着从幼稚到成熟的巨大变化。把握青少年心理发展的特点，对于充分了解青少年、引导青少年参加体育运动都有着非常重要的作用。

（一）智力发展显著

随着社会实践的增多和生活范围的扩大，青少年的认知水平得到很大的提高，智力增长明显，主要表现在以下方面。

1. 形成抽象的概括能力

概括能力是一种能够促进人的观察发展的能力，儿童由于抽象思维比较差，虽然能进行观察活动，但是却无法对观察到的事物进行总结和概括，而青少年时期人们已经具备了抽象能力，能用抽象思维对自己观察到的事物进行总结和概括,拓深了观察的价值。

2. 形成成熟的记忆力

青少年时期是记忆的黄金时期,根据人体的发展规律,青少年的理解能力增强,记忆的能力也已经发展到成熟阶段。与儿童时期相比,青少年时期的记忆更多的是一种有意识的活动,目的性对于提升记忆的效率有很大帮助。从记忆方法上来说,青少年时期的记忆也摆脱了儿童时期以机械记忆为主的记忆方法,而变成了记忆效果更好的意义识记的记忆方法。

3. 形成理论型的抽象思维能力

青少年时期人们已经具备了基本的抽象思维能力,即能够脱离现实的限制,对问题提出假设并且进行论证。但是因为知识储备和生活实践经验的不足,他们提出的假设可能会缺乏有力的依据,论证的结果也不一定正确,这也说明他们的抽象逻辑思维的发展具有不成熟的特点。有些青少年的论证结果被否定时,会因为自己进行过认真的思考和用心的论证而出现不服心理,固执己见,这也是由于青少年心理发展的局限性决定的。

(二)自我意识增强

自我意识指的是个体对自己的认识和态度,对自己和周围人之间的关系的认识和态度。[①]进入青少年时期后,生活的范围、从事的社会实践活动、学习的科学文化知识以及接触到的人群量都会增加,青少年对外界的了解和认识会随着生活的改变逐渐加深。伴随认识的发展,青少年会逐渐意识到人的社会本性,开始进行自我探索,关注自己的内心世界以及对自己的个性、品质等进行评价,并且根据自己的判断支配和调节自己的言行。

总体来说,青少年能够初步建立起一个人的人生观和世界观,能够对自己进行比较客观的评价,也能够对自己和他人的关系有一定的认识。由于自身发展的局限性,青少年很容易在这一时期形成错误的自我意识,找不到对自己和他人进行评价的合理标准。正因为如此,关注青

---

① 康喜来,万炳军.青少年运动训练原理与方法[M].西安:陕西师范大学出版社,2012.

少年的心理健康,引导青少年形成正确的自我意识,是家庭、社会和国家都应该重视的问题。

（三）性意识的觉醒和发展

性意识指的是青少年对性的理解、体验和态度,而性意识觉醒指的是青少年开始认识到两性的差别和两性的关系,以及一些关于性的特殊心理体验。青少年性意识的觉醒是一个分阶段的过程,一般有以下两个阶段。

1. 疏远异性阶段

青少年性意识的觉醒一般发生在身体进入青春发育期的时候,这一时期青少年的身体已经能够显现出两性的性别差异,身体的变化激发心理上关于性意识的觉醒。面对这种前所未有的体验,青少年往往会展现出羞涩、不安、反感等心理,反映到实践中就是拒绝和异性接触,只愿意和同性进行交往。这一时期是青少年性意识觉醒的初级阶段,经历了性意识从无到有的变化。

2. 接近异性阶段

经过性意识觉醒初级阶段的惶恐之后,随着身心的进一步发展成熟,青少年对异性的态度从抗拒转变成了向往接近。具体表现为,异性之间的吸引力会增加,接近异性的心理愿望会增强,愿意在生活和学习过程中和异性交往。这种想要接触异性的心理是正常的,是性意识进一步觉醒的体现,家长和老师不能将青少年的这种状态视为"早恋"而进行打击。

（四）情感的发展与现实的矛盾

青少年的心理健康问题是全社会关注的重点问题,青少年处于不完全成熟的阶段,心理情感具有丰富、敏感的特点,这些情绪交织在一起,也构成了青少年心理上的矛盾。把握青少年的矛盾心理,对于深入了解青少年发展的特点具有重要的帮助。下面我们将对青少年心理上的矛盾进行分析。

1. 封闭心理和交往需要之间的矛盾

由于受到强烈的自尊心和"叛逆""敏感"等因素的影响,青少年轻易不愿意向别人倾诉自己真实的心理想法,再加上有些老师和家长没有及时对青少年进行正确的教育和引导,很容易导致青少年形成封闭心理。但是青少年时期是生活范围迅速扩大和实践经验迅速增多的时期,青少年往往具有很强的表达和交流欲望。封闭心理切断了青少年交流和表达的途径,两者构成了一对难以调节的矛盾。

2. 独立性和依赖性的矛盾

由于青少年时期是从儿童到成年过渡的特殊时期,所以青少年的心理上会存在渴望独立但是又难以摆脱依赖的矛盾。一方面,青少年认为自己已经成为大人,渴望更多的自主权利,希望能对自己的事情做出决策,在言行上体现出"断乳"的愿望;另一方面,青少年并不是真正的成人,不具备经济能力,社会经验和科学文化知识也很不足,无法真正独立解决很多事情,在很大程度上都还需要依赖家长和老师。独立性和依赖性的矛盾是青少年时期一种非常常见的矛盾,青少年只有朝着增强独立性、减少依赖性的方向发展才是健康的发展。

3. 理想主义与现实生活之间的矛盾

青少年具有内心情感丰富、热爱幻想、对未来生活充满憧憬和希望的特点,更容易陷入理想主义之中。但是现实生活往往具有复杂性,生活和学习中的困难可能会对青少年造成沉重的打击,使青少年在理想和现实之间产生分离感,从而陷入悲观、低沉的境地,降低对生活的热情和希望。

4. 求知欲强与识别能力低的矛盾

青少年时期是人们学习知识的重要时期,因为这一时期人们往往具有非常强烈的求知欲望。但是与强烈的求知欲矛盾的是,青少年时期人们的分辨能力比较低,青少年无法在庞多的知识中筛选出对自己的人生发展有益处的部分,可能会接触到有害的知识,不利于正确的人生观和世界观的形成。家长和老师一定要对青少年进行及时、正确的引导,防止青少年受到劣质文化的侵害。

5. 理智与情感的矛盾

受到荷尔蒙分泌的影响,青少年往往表现出冲动、急躁的特点,虽然他们已经具备了一定明辨事理的能力和理智的意识,但是因为心理不成熟,在处理事情时候,往往还会让情感战胜理智,做出不合理的行为。而在事情过后,青少年能够认识到自己不理智的行为是不正确的,往往会产生后悔、愧疚的心理。

二、青少年的身体发展特点

(一)生长发育年龄阶段的划分与青春发育期

1. 年龄阶段的划分

按照人类生长发育的规律以及身心特点,可以将人的年龄划分成不同的阶段。表2-1是具体的人类年龄阶段划分。

表2-1 人类年龄阶段划分[①]

时期	年龄
婴儿期	1～2岁
幼儿期	3～6岁
童年期	7～12岁
少年期	13～17岁
青年期	18～25岁

2. 少年期

少年时期也就是人的年龄处于13～17岁的时期,这一阶段人的身心生长发育速度是一生中最快的时候,在现实生活中少年时期一般是中学时期(包括初中和高中)。

3. 青年期

出生时由于性染色体不同,决定性腺不同,即有男女的性别,称为第一性征,也是主要特征,这是性的本质区别。在性激素的作用下,出现男女性征上的继发性特征,称为第二性征或副性征。第二性征标志着已进入青春发育期,性腺逐渐成熟,机能逐渐完善,男女之间的性别差异格外明显。青年时期也就是人从少年时期过渡到成人的一个迅速发育的阶段,以人的性成熟为结束。

---

① 康喜来,万炳军.青少年运动训练原理与方法[M].西安:陕西师范大学出版社,2012.

(二)青少年身体素质发展规律

身体素质是机体各个器官、系统机能的综合表现。青少年的身体素质一方面随着身体的发育成熟提升,另一方面又通过体育锻炼得到增强。促进青少年参加体育活动,应该根据青少年身体素质发展的特点,采取科学的训练方式。下面我们对青少年的身体素质发展规律进行分析。

1. 身体素质的自然增长

表2-2　青少年各项身体素质递增均值比较[①]

指标	逐年增长平均值
60米跑(速度)	0.13～0.22秒
400米跑(速度耐力)	0.68～1.63秒
1分钟快速仰卧起坐(腰腹肌力量、速度耐力)	0.23～0.6次/分
立定跳远(下肢爆发力)	2.27～5.88厘米
屈臂悬垂(抗体重静力性力量)	0.66～2.2秒

如表2-2所示,身体素质的自然增长,是指人的身体素质从出生至25岁,随着年龄的增长而增长。人身体素质的发展在青少年时期最突出的特征,就是增长的幅度非常大,增长的速度也非常快。一般男生在15岁左右、女生在12岁左右身体素质开始迅速增长,性成熟之后,身体素质的增长速度放缓。

2. 身体素质发展的阶段性

各种身体素质的自然增长过程包括增长阶段和稳定阶段。增长阶段是身体素质随年龄增长而递增的年龄阶段,包括快速增长阶段、停滞下降阶段(女生)和缓慢增长阶段。稳定阶段是身体素质增长的速度明显减慢或停滞,甚至有所下降的年龄阶段,见表2-3。

---

① 康喜来,万炳军.青少年运动训练原理与方法[M].西安:陕西师范大学出版社,2012.

表 2-3　青少年身体素质发展的阶段划分[①]

身体素质	男生年龄	女生年龄
快速增长阶段	7～15	7～12
停滞下降阶段	—	13～16
缓慢增长阶段	16～20	17～20
稳定阶段	21	21

3.各项身体素质发展的敏感期

不同年龄阶段,人的身体素质的发展呈现出不一样的特点,根据身体素质发展速度的快慢,我们将身体素质的发展阶段划分成敏感期(发展速度快)和非敏感期(发展速度慢)。男生有两个发展的敏感期,女生有一个。如表2-4所示。

表 2-4　身体素质发展敏感期[②]

指标	男生年龄		女生年龄
60米跑	7～10	14～15	7～10
400米跑	7～11	13～14	7～11
1分钟快速仰卧起坐	7～10	12～13	7～9
立定跳远	7～10	13～14	7～11
屈臂悬垂	7～10	13～14	7～8

(三)青少年主要身体素质发展特点

1.相对力量的发展特点

无论是男生还是女生,在青少年时期相对力量的增长速度都比较慢。一方面是因为青少年时期人们体重的增长速度比较快,肌肉占身体重量的比例比较低;另一方面是因为在人体身高增长速度最快的时期,肌肉横断面增长较少,身高增长减慢时肌肉的厚度增加。想要提高相对力量,只依靠身体自身的发展是远远不够的,必须要进行全面的运动锻

[①] 康喜来,万炳军.青少年运动训练原理与方法[M].西安:陕西师范大学出版社,2012.

[②] 同上。

炼,提高肌肉的重量占全身重量的比例,不断锻炼身体接受更多量度的负荷,这样身体的相对力量才能有所提高。

2. 速度力量的发展特点

7～13岁,男生、女生速度力量的增长都非常快。13岁之后,男生、女生速度力量的增长速度开始发生变化,男生依旧保持着非常快速的速度增长,但是女生的增长速度开始放缓。到16～17岁,青少年速度力量的增长速度都开始放缓。

3. 力量耐力的发展特点

男生和女生力量耐力的发展阶段有所不同,女生力量耐力发展的黄金时期是在15岁之前,这个阶段女生的力量耐力是持续上升的;而男生发展力量耐力的黄金时期是在7～17岁,这个阶段力量耐力的发展呈现非常快速的直线上升趋势。

4. 反应速度的发展特点

男生和女生反应速度的发展具有相对一致的特点,6～12岁是反应速度发展最快的时期,12岁时反应速度达到人生的第一次高点;性发育阶段,人们反应速度的发展速度稍微有所减慢;20岁时,人们的反应速度会出现第二次高点。

5. 步频的发展特点

在阻力相对较小的情况下,步频的发展主要受到身体协调能力发展的影响,7～13岁是人体协调能力发展的敏感时期,受到协调能力增强的影响,步频也在这一时期快速发展。但是13岁之后,儿童的步频也会呈现下降的趋势,一方面是因为此时已经过了协调能力发展的敏感时期,中枢神经系统对协调能力的控制自然减退;另一方面是因为儿童的力量有所增长,步长增加,所以步频自然下降。

6. 最高跑速的发展特点

男生、女生最高跑速增长最快的时期都是在7～13岁这个阶段,具体来说,男生最高跑速增长速度最快的时期是8～13岁,而女生是9～12岁。但是到了13～16岁这个阶段,男生、女生的最高跑速增长速度开始出现不同的特点,男生依旧维持着持续上升的趋势,而女生的增长速度开始出现不稳定的特点,一般来说增长速度会比不上男生的增长速度。

7.耐力素质的发展特点

男生、女生的耐力素质发展特点如表2-5所示。

表 2-5　男生、女生的耐力素质发展特点[①]

男生	女生
10岁,耐力指标首次大幅度提高	9岁,耐力指标首次大幅度提高
13岁,再次较大幅度提高	12岁,再次提高
15岁,性成熟期,增长速度缓慢	14岁,性成熟期,耐力水平逐年下降
—	15～16岁,耐力水平下降速度最大
—	16岁之后,耐力水平下降速度减慢

8.协调能力的发展特点

发展一般协调能力的黄金时期为6～9岁,发展专门协调能力的黄金时期为9～14岁。根据协调能力的发展状况,11～12岁开始进行素质训练,这个阶段发展力量、速度、耐力都可以取得非常有效的效果。同时,协调能力的发展又会受到运动素质的影响,运动素质的提高对于协调能力的提高也有非常重要的作用。一般来说,大部分人的协调能力在13～14岁这个阶段达到顶点,也有些人的协调能力在15岁时达到顶点。运动素质发展比较快速的时期是在18岁左右,如果对运动素质和协调能力的发展进行专门的练习,大概在20岁左右,运动素质和协调能力能够发展到一种非常平衡的状态,这也是能够使运动员进一步提高运动能力、获得更好的运动成绩的重要前提。

第二节　青少年体质健康现状

一、青少年体质健康现状

从最近几年的全国学生体质与健康调研报告中我们可以得出,当前

[①] 康喜来,万炳军.青少年运动训练原理与方法[M].西安:陕西师范大学出版社,2012.

我国青少年的体质健康状况整体呈现一种比较良好的状态,比如由于人们对营养学认知水平的提高,青少年的身体发育状况都比较良好,身高、体重等发育指标有所增长,贫血等疾病的患病率也有所降低;因为人们对口腔健康的关注度提升,龋齿等口腔疾病的患病率也在逐渐降低。但是,我们也能发现青少年的爆发力、耐力、力量等指标水平有所下降,体质测试中跑步、引体向上、仰卧起坐等项目不及格的学生大有人在。而且由于营养过剩问题,青少年的肥胖率也有所上升。有些疾病也呈现出越来越年轻化的趋势,比如高血脂、高血压、痛风、颈椎病等疾病的患病人群中年轻人所占的比例越来越高。

二、青少年出现体质健康问题的原因

(一)社会原因

社会发展使生产力水平提高,为人们带来充足食物的同时也使人们出现营养过剩的问题;激烈的社会竞争环境使学生的学业压力越来越重,青少年将大部分的时间用在学习科学文化知识上,没有充足的时间进行体育锻炼;科技的发展为人们提供更多的娱乐方式,传统的带有体育锻炼性质的娱乐活动不再受到青少年的欢迎,取而代之的是电子产品,长时间打游戏、玩手机一方面会使他们出现颈椎病等身体健康问题,另一方面容易打乱他们的作息规律,给身体健康带来更多的隐患。

(二)个人原因

青少年的健康意识薄弱,认为自己有年轻作为资本,觉得疾病距离自己非常远,缺乏对自身健康问题的关注;青少年心智不成熟,意志力薄弱,容易受到各种诱惑的影响,比如长时间玩电子游戏等;青少年对健康知识的关注程度不够,缺乏对健康知识的了解,不知道该如何健康生活。

(三)学校教育的缺失

青少年时期是培养兴趣特长的最佳时期,想要使青少年培养自己的体育特长,养成热爱运动的好习惯,最好是在青少年时期对他们进行引导。但是在实际的教学实践中,受到高考压力的影响,很多学校只注重文化课程而将体育课程边缘化,体育课要么流于形式让学生进行自由活动,要么被其他课程占用。学生在这种教育氛围之中无法感受到体育运动的重要性,自然无法培养自己的体育爱好,也无法养成热爱运动好习惯。

(四)家庭教育的缺失

一方面,在高考的压力之下,家长认为青少年的生活应该以学业为重,各种补习班和兴趣班充斥着学生的生活,青少年不仅没有时间进行体育锻炼,甚至连休息的时间也不够;另一方面,由于生活节奏快、心理压力大、没有健康生活的意识等原因,很多家长自己也没有健康的生活习惯,无法给学生起到表率作用。家庭教育中缺乏对青少年健康生活的教育,也是造成青少年体质下降的重要原因。

(五)体质测试落实不到位

虽然学校开展体质健康测试已经有相当长的时间,但是对体质测试的落实情况却并不理想。一些学校只把体质测试当作上级下发的任务,只做好表面的测试工作,却忽略了其注重提升学生体质健康的根本目的;学生也认识不到体质测试的重要性,只将其作为一项临时的任务,没有意识到提高自己的身体素质水平的重要性。在教学过程中,学校也没有将体质测试指标和教学任务相结合,体质测试指标是影响体质健康最重要的因素,学校却舍本逐末,未针对这些测试指标开展相应的教学活动,使体质测试的反馈信息没有发挥到指导教学的作用。

三、改善青少年体质健康状况的措施

(一)提高学校的体育教学水平

学校的体育教育是提升青少年体质健康水平的重要途径,所以面对青少年体质普遍下降的问题,学校应该对体育教育进行反思,深化体育教育改革,提升体育教育的教学水平。

首先,学校要充分重视体育课程,其他课程不得挤压、占用体育课程的时间,对学生实行严格的考勤制度,使学生养成重视体育课的习惯;

其次,课程的设计可以参考体质测试信息的反馈,根据学生体质健康中存在的问题有针对性地设计教学任务;再次,丰富体育课程的形式和内容,增加多样的运动锻炼项目,激发青少年参加体育活动的积极性;最后,教师的教学水平对教学质量有着非常重要的影响,应提高教师的水平和素质,教师需要具备专业体育教学技能以及"以人为本"的教学素养。

(二)家长增强健康生活的意识

家庭教育是培养青少年健康生活习惯的重要途径,家长应该增强健康生活的意识,为青少年起到示范作用。首先,家长应该学习健康生活的相关知识,合理地规划家庭生活,使全家养成健康的饮食习惯和作息习惯;其次,家长在重视青少年学习成绩的同时也应该重视青少年的体质健康状况,家长以身作则,带领青少年进行体育锻炼;最后,家长应该培养青少年自觉进行体育活动的意识,引导青少年制定时间规划,预留出专门的时间进行体育锻炼,使青少年养成终身锻炼的习惯。

(三)增加体育设施和体育器材

青少年体质健康水平下降的问题已经成为一个严峻的社会问题,想要改善这种局面,必须从各个方面努力。就体育设施和体育器材来说,无论是学校还是居民区中都存在不足的情况。首先,政府应该加大对体育设施和体育器材的投资力度,根据学校和居民区的人数投资相应数量的设施和器材;其次,要关注质量问题,对投入使用的设施和器材采取相应的检验标准,只有达标的产品才能投入使用,并且要进行及时的检查和维修,保证能够随时供人们使用;最后,要进行相关的宣传工作,在体育设施和器材的发放地点采用横幅、广播等形式,提倡人们使用健身器材进行体育锻炼,在全社会形成热爱运动的社会氛围。

(四)贯彻落实学生体质测试

体质测试是国家为了改善青少年体质健康状况而采取的一项措施,目的是为了了解青少年的体质健康状况及发展趋势,以便采取相应的措施加以干预。学校应该贯彻落实对学生的体质测试活动,发挥体质测试的作用。首先,学校应该加大体质测试的严格程度,认真落实每一个细节,严厉打击学生作弊、代考的行为,使学生端正态度,认真对待测试活动;其次,学校要认真分析本校学生体质测试数据反馈出来的信息,找出学生体质健康的薄弱点,针对薄弱点设计教学活动,通过体质测试指标与教学活动相结合的方式提升学生的体质健康水平;最后,学校应该加大向学生宣传体质健康测试的力度,使学生认识到体质测试的重要性,养成主动进行体育锻炼的好习惯。

第三节 《国家学生体质健康标准》解读

一、《国家学生体质健康标准》测试项目与操作方法

（一）身高

（1）测试目的:身高信息和体重信息相结合,对学生的身体生长发育水平进行评价。

（2）测试工具:身高测量器。

（3）测试方法:在对学生进行身高测试之前应该先对仪器进行检查,保证立柱处于垂直状态,零件没有出现松动现象。之后将身高测量器调至"0"刻度,误差需要控制在 0.1 厘米以内。

学生在进行身高测量时,应该保持立正的姿势,昂首挺胸,双手自然下垂,两个脚尖之间保持 60°角。测试人员将身高测量器的压板轻压到学生的头部,读取数字时候,视线应该和测量器上的刻度保持水平。

（二）体重

（1）测试目的:体重信息与身高信息结合,对学生的身体生长发育水平进行评价。

（2）测试工具:杠杆秤或电子体重计。

（3）测试方法:对学生进行体重测试之前要先对机器进行调试,保证机器的准确性和灵敏性,要求误差控制在 0.1% 以内。

进行体重测试时,应该尽量减少衣物数量不同对测试结果造成的影响,标准的穿衣方式为男生身穿短裤,女生身穿短袖和短裤,但是一般

在实践中要求没有那么严格。进行测试时,学生应该站在秤台中间的位置,测试人员放置适当砝码并移动游标至刻度尺平衡,体重的计数单位为千克,数字精确到小数点后一位,误差应该控制在0.1千克以内。

(三)肺活量

(1)测试目的:测试学生的肺通气功能。
(2)测试器材:电子肺活量测试仪、一次性吹嘴。
(3)测试方法:测试之前先对仪器进行检查,将肺活量测试仪平放在桌面上,刻度调到"0"的位置,测试者用一次性吹嘴试吹气1次到2次,检查仪器是否有反应以及吹嘴是否漏气。

测试时,学生需要做深呼吸,先深吸一口气,然后对着吹嘴呼气,直到不能继续呼出气体为止,测试中间不得换气。每位学生可以有三次测试的机会,每次中间相隔15秒钟,取三次测试结果中的最大值为最终成绩。记录成绩时,以毫升为单位,不保留小数。

(四)50米跑

(1)测试目的:评价学生的速度、灵活度以及神经系统的灵活性。
(2)测试场地和测试器材:50米跑道若干,发令哨、秒表、发令旗若干。
(3)测试方法:测试之前对测试的工具进行检查,首先确定跑道路面平整;其次校正秒表,秒表的时间应该以北京时间为准,误差保持在每小时0.3秒以内,秒表在计时时的误差要保持在每分钟0.2秒以内。

测试时,至少两名学生为一组,起跑时保持站立的姿势,听到发令员喊出"跑"的口令后起跑。发令员在发出起跑口令的同时摇动手中的发令旗,计时员视旗动开始计时。记录成绩时,以秒为单位,保留小数点后一位,小数点后第二位数不为0则前一位进1,如5.12秒则计数为5.2秒。

(五)800米或者1 000米跑

(1)测试目的:对学生的耐力素质进行评价。
(2)测试场地和测试器材:田径跑道若干,发令哨、秒表、发令旗若干。

（3）测试方法：测试之前对场地和器材进行检测，方法同50米跑。

测试时，至少两名学生为一组，起跑姿势为站立，发令员在发出"跑"的口令之后学生起跑，发令员在发出起跑口令的同时摇动手中的发令旗，计时员看到发令旗动开始计时。记录成绩时，以分、秒为单位，不保留小数位。

（六）立定跳远

（1）测试目的：评价学生下肢肌肉的爆发力以及身体的协调能力。
（2）测试场地和测试器材：沙坑（或者土质松软的地面）、测量尺。
（3）测试方法：测试之前先对测试场地进行检查，保证沙地和地面保持同等的高度，起跳地面平坦，起跳线和沙地最近处的距离不能小于30厘米。

测试时，学生双脚自然分开站立在起跳线后面，注意双脚不能踩线。起跳时，双脚同时起跳，不能有垫步或连跳动作，测量的成绩为脚后跟到起跳线的距离。每位学生有三次测试的机会，记录其中的最佳成绩为正式成绩。

（七）引体向上

（1）测试目的：对学生的上肢肌肉力量和耐力水平进行评价。
（2）测试器材：高单杠或者高横杠。
（3）测试方法：学生双手握杠，双手和双肩保持同等的宽度完成直臂悬垂，保持双臂悬垂的姿势后双臂开始进行引体向上动作，上拉到下颌超过横杠上缘为完成一次。

（八）坐位体前屈

（1）测试目的：测量学生在静止状态下的躯干、腰、髋等关节可能达到的活动幅度，主要反映这些部位关节、韧带、肌肉的伸展性和弹性及学生身体柔韧素质的发展水平。
（2）测试器材：坐位体前屈测试计。
（3）测试方法：学生坐在平地上，保持双腿伸直、双脚平蹬的姿势，两脚之间的距离为10~15厘米。然后双臂伸直，上身前屈，双臂向前推动游标，直到不能继续向前为止。每位学生有两次测试的机会，取最佳成绩作为正式成绩。

（九）仰卧起坐

（1）测试目的：评价腹部肌肉的耐力水平。
（2）测试器材：平铺的垫子若干。
（3）测试方法：测试的学生仰卧在垫子上，双手手指交叉置于脑后，双脚自然分开，双腿保持垂直的姿势屈膝。另一名学生压住测试学生的双脚，为测试学生固定下肢。做起坐动作时，双肘必须要触及或者超过双膝，回落时，测试学生的两肩胛骨必须要接触到垫子，这样做完一套动作为一次。测试的时间为1分钟，时间结束时未做完一套完整动作的不计入成绩。

（十）跳绳

（1）测试目的：对学生的下肢力量和身体的协调能力进行测试。
（2）测试场地和测试器材：平坦的地面，跳绳、秒表、发令哨若干。
（3）测试方法：两名学生为一组，轮流测试和计数。测试的学生听到发令哨响后开始跳绳，跳绳方法为向前摇绳，双脚同时起跳，每摇一次绳并且跳动一次为一个完整的动作，跳绳的时间为1分钟。

二、研制《国家学生体质健康标准》的基本思路

（一）《国家学生体质健康标准》的功能

国家颁布《国家学生体质健康标准》的目的是为了测试学生的体质健康状况和锻炼效果。健康包括三个部分，分别是身体健康、心理健康和社会适应能力健康，这里指的是身体健康。除了检测功能，《国家学生体质健康标准》还具有教育和激励功能、反馈功能和引导锻炼功能。

1. 教育和激励功能

《国家学生体质健康标准》具有对学生进行教育、激励学生积极参与体育锻炼的功能。《国家学生体质健康标准》中采用的评价指标经过科学的研究和选择，和人体的健康息息相关，能够比较准确地反映人体的健康状况。《国家学生体质健康标准》实施以后，增加了学生对影响

人体健康因素的认识,使他们对自己的身体健康状况有了更加深入的了解,从而使他们养成关注自身健康状况的习惯,有利于他们及时调整自己的生活方式使身体处于健康的状态。

2. 反馈功能

《国家学生体质健康标准》是对学生进行身体素质测试的标准,国家要求,在举行体质测试之后,学校要将本校学生的测试数据按照要求上传到国家学生体质健康标准数据管理系统。该系统会对各个学校上传的数据进行统计、分析,并且按照相关规定向社会进行公示。此外,该系统还为社会公众提供了在线查询和在线评估的服务,学生可以通过该系统对自己的身体健康状况有一个科学、清晰的认识,从而根据测试的结果开展有针对性的锻炼活动。该系统提供的数据还能反映出整个学生群体的身体素质状况以及身体素质变化趋势,为政府、学校等部门就学生体质问题开展科学的干预措施提供了数据支持。

3. 引导锻炼功能

一方面,《国家学生体质健康标准》中设置了一些非常适合学生进行锻炼的项目,这些项目具有简单、容易操作的优势,深受学生的欢迎;另一方面,《国家学生体质健康标准》还提高了一些测试指标在运动项目中的比重,引导学生增加对这些指标进行的专项训练。此外,学生还可以登录国家学生体质健康标准数据管理系统,该系统根据不同体质的锻炼要求,为学生提供了一些具有针对性的运动处方,学生可以根据自己的身体素质状况科学地选择锻炼方式,提高身体健康水平。

(二)研制《国家学生体质健康标准》的基本规则

《国家学生体质健康标准》始终坚持以促进学生的全面发展、提高学生的身体素质为目的,在其研制过程中应该始终坚持以下规则。

(1)确保家长和学生可以通过《国家学生体质健康标准》提高对健康的认知水平,了解哪些因素会对人的身体素质造成影响,以及应该如何控制这些因素的变化,建立起符合社会发展趋势的科学健康理念。

(2)引导学生根据自己的身体素质情况树立科学的健康目标,并且制订合理的锻炼计划以实现健康目标。

(3)确保设置一部分比较简单易操作的运动项目供学生进行锻炼,

促进学生提高运动技能。

（4）确保将《国家学生体质健康标准》作为学生身体素质测试的标准，通过《国家学生体质健康标准》可以对学生的身体健康状况进行科学、综合的评估，能够及时把控学生群体的健康状况及其发展趋势，为国家和社会制定措施提供科学依据。

（5）确保《国家学生体质健康标准》的制定是经过科学研究和决策的，确定测试项目指标的负荷在学生能够承受的范围之内，既能够有效检测学生的身体素质，又不会对学生造成过大的压力。

（6）确保《国家学生体质健康标准》中设置的运动项目能够和学校的体育课程结合起来，一方面体育课程能够根据《国家学生体质健康标准》中的要求进行改革，另一方面《国家学生体质健康标准》又能促进学生认真对待体育课程，积极进行体育锻炼。

（7）确保《国家学生体质健康标准》中对学生身体素质的测试具有简单和容易操作的特点，方便学校行政部门开展学生体质测试活动，便于学校的统一管理。

（三）《国家学生体质健康标准》对国内外科研成果的借鉴

《国家学生体质健康标准》之所以是一种非常科学的健康评价标准，主要原因就是它汇聚了一系列国内外最先进的科研成果。比如人们最开始对身体健康状况进行评价，评价的指标只有肌肉力量。随着科学技术的发展，20世纪初期，人们开始将心血管系统、力量、心率、血压等也纳入健康评价指标；而到了20世纪中叶，随着医学技术的发展，评价指标中又增加了人体的柔韧性，同时人们还初步认识到进行有氧运动能够促进身体素质的提高。

除了评价指标，身体素质测试中的运动项目也经历了一个漫长的发展过程才变成今天我们看到的样子。20世纪50年代，美国学校的身体素质评价项目中只有跑、投、跳三项，比如俯卧撑、折返跑、立定跳远、投掷和50米跑等；1965年，体育教育领域首次提出了"身体健康素质"的概念，美国学者开始对"身体运动素质"和"身体健康素质"进行区分，美国学校体育教育的重点也开始从注重培养学生的身体运动素质变成更加注重培养学生的身体健康素质，相应地，进行身体素质评价的项目内容也开始发生变化；1980年之后，美国学校采用了身体健康素质测验，完成了由身体运动素质测试向身体健康素质测试的过渡；1987年，美国首次采用了借助计算机进行体质测试的方法,包括体脂测试、仰卧起坐、引体向上等项目都可以借助计算机完成;1988年,美国创建了一种名叫"Physical Best"的测试方法,测试的项目包括1英里跑(走)、皮下脂肪厚度、BMI等,美国现今的很多体质测试方法都多多少少对"Physical Best"进行了借用或者借鉴。

除了对国外的体质测试方法进行借鉴,我国在身体素质测试方面也有很多新的科技成果。比如从2005年开始,我国就建立了国民监测制度,分别对3~6岁的幼儿、7~19岁的儿童和少年、20~59岁的成年人以及60~69岁的老年人分组进行监测和调研,建立了调研数据库。2005年,国家在《学生体质健康标准》《军人体育锻炼标准》《公安民警体育锻炼达标标准》的基础上,又颁发了《普通人群体育锻炼标准》(试行),为全体国民提供了体育锻炼的标准。

在监测的方法上,为了使体质测试更加简便、易操作,我国专家也进行了大量的开创性研究。比如采用样本分析的方法,先对一部分具有广泛代表性的人群进行取样,获得基础数据之后再推算出界值点和中间值,形成初步的标准,最后采用规范的过程来验证标准的准确性和适用性。这种测试的方法不仅节省了大量的人力、物力、财力,准确性也非常高,经常被用在对儿童和青少年身高和体重关系的研究中,极大地提高了体质测试的简便性和效率。

(四)充分发挥评价的激励作用

《国家学生体质健康标准》是一项对身体素质进行评价的标准,它可以和学校的体育教育结合起来,用明确、科学的标准促使学生认真对待体育课程,积极进行体育锻炼,贯彻落实我国正在提倡的"健康第一"的学校体育教育思想。一方面,它为学生进行自我完善提供了方向,学生可以通过学校进行的体质测试得到关于自身身体素质的反馈,然后了解自身的身体素质方面的不足,进而开展有针对性的体育运动训练。《国家学生体质健康标准》充分考虑了学生的个体差异,对于各项指标并未采取统一不变的标准,而是根据每个学生具体身体条件的不同,采用指数的方法进行计算,使每位同学都能得到最科学的测试结果。另一方面,《国家学生体质健康标准》可以从实践和思想两方面上产生促进学生参加运动锻炼的积极作用。实践上,其提供了一系列非常简单、易操作的运动项目供学生进行锻炼;思想上,通过国家提倡的方式使学生认识到体育锻炼的重要性,能够激励学生养成重视锻炼、终身锻炼的运动思想。

三、实施《国家学生体质健康标准》的重要意义

(一)贯彻落实《体育法》

《体育法》和《国家学生体质健康标准》是纲领和实践的关系,其中《体育法》是纲领,《国家学生体质健康标准》是实践。《体育法》中规定"学校必须实施国家体育锻炼标准,对学生在校期间每天用于体育活动的时间给予保证"。《国家学生体质健康标准》在校园中的实行,正是对《体育法》的贯彻落实,后者提出了学生必须要进行体育锻炼的要求,而前者则通过具体的规定明确学生应该着重对哪些身体指标进行锻炼、应该达到怎样的标准,并且提供了有针对性和简单、易操作的运动项目供学生进行体育锻炼。《国家学生体质健康标准》领会了《体育法》中表达的精神,并且将其落到实处,让学生在实践过程中感受《体育法》的精神内涵。《国家学生体质健康标准》在校园中的实行不仅有利于促进学生们德智体美劳全面发展,而且能够为学校办学、教师教学提供具体的法律依据。

(二)改善人民体质

任何事物都有两面性,以先进的科技为例,一方面,它将我们从繁重的体力劳动中解放出来,为我们带来充足的食物;另一方面,它也对人们的身体健康造成了新的威胁。比如现代生活方式中,人们由于生活节奏过快、心理压力过大、营养过剩、运动不足等问题,渐渐开始进入"亚健康"的状态。基于这些问题的出现,越来越多的人认识到健康的重要性,注重追求健康的生活状态成为人们的共识。

《国家学生体质健康标准》的实施,说明国家层面开始意识到人们出现的健康问题,并且向学生发出关注自己生命健康的倡议,这样的做法有助于唤醒学生的健康意识,使学生形成与时俱进的健康理念。《国家学生体质健康标准》中明确了维持身体健康应该关注的指标以及指标应该达到的标准,测试反馈的结果为学生进行有针对性的科学训练提

供了依据。除此之外,学生还可以就《国家学生体质健康标准》中一些简单的运动进行自我锻炼。《国家学生体质健康标准》的实施对于帮助学生形成科学的健康理念和促进学生进行运动锻炼维持身体健康都具有非常重要的意义。

(三)发展和完善学生体质健康评价体系

学生的体质健康状况是对学生进行评价的一个重要指标,对学生进行体质健康评价也是学校体育教学评价中非常重要的一个部分。《国家学生体质健康标准》从建立和完善我国学校教育评价体系的目标出发,体现了学校体育的价值,回答了学校体育为什么要以"体质健康"为本和怎样以"体质健康"为本的问题,明确了"体质健康"不仅应是学校教育和学校体育追求的目标,而且还是学校体育课程存在的根本理由。

《国家学生体质健康标准》的实施对于促进我国学校体育教学的改革、完善学生体质健康评价标准体系都有着非常重要的作用。因此无论是体育行政管理部门还是学校单位,都应该深入领会其中蕴含的精神,认真落实《国家学生体质健康标准》的要求,认真对待学生体质健康的评价工作。同时,还要将其中的精神内涵带入体育教学过程中,对学生进行关于《国家学生体质健康标准》的宣传和教育,扩大其在整个学校乃至社会范围中的影响力。

第三章　体育运动促进青少年体质健康的理论指导

体育运动对促进青少年体质健康具有重要意义,如改善不良身体形态,促进心血管系统、呼吸系统及运动系统功能的改善,促进神经系统、内分泌系统和免疫系统调适能力的提升,增强身体素质,使身体形态、生理机能、运动素质都处于良好状态。体育运动促进青少年体质健康的这些功能价值需建立在科学运动的基础上才能实现,本章重点分析青少年参与体育运动的科学理论,从而为青少年运动锻炼提供有效的理论指导,真正发挥体育运动的健康价值,提升青少年的体质健康水平。

第一节　国内外青少年体质健康研究综述

一、国外青少年体质健康研究综述

（一）美国

美国很早就注重对青少年体质健康测试的研究,早期的研究主要表现为 19 世纪中后期开始对青少年进行体格检查。在研究初期,很多人认为体质与健康是同一个概念,二者没有区分,最早区分这两个概念是在 1973 年,当时得克萨斯州测试青少年的体质和运动能力,提出体质与健康是不同的两个概念。此后,美国测试青少年的体质时执行的测试方案及参考的测试标准是多元化的,并没有统一。20 世纪 80 年代后期,体质健康测试出现在美国各级学校,与此同时,全国启动了关于体质测试指标和大众锻炼标准的研究。2014 年后,美国青少年体质测试标准逐渐统一,即按照 Fitness Gram（青少年体质健康测评系统）这一标准展开测试。

早期,美国检查与测试青少年的体质主要从三个方面展开,分别是体格、身体机能、运动素质,测试项目包括50米跑、600码跑、立定跳远、仰卧起坐等。后来有关专家对测试指标进行了调整,并不断健全与完善测试指标体系,经过研究与调整后,从20世纪80年代开始,往返跑、立定跳远、50米跑等测试项目被取消,增加了坐位体前屈和1英里跑两个项目,分别测试青少年的柔韧素质和心肺功能。这表明美国青少年体质测试从侧重运动技术转变为兼顾运动技术和身体健康。到现在,美国青少年体质测试中依然保留着1英里跑、坐位体前屈、引体向上、屈臂悬垂、仰卧起坐、BMI等指标,这些指标在全国性青少年体质测试中都是通用的,采用这些普遍性指标能够对青少年的肌肉力量、身体成分、柔韧素质以及心肺功能等体质状况进行测试,全面了解青少年的健康状况。美国健康专家指出,目前美国青少年体质健康存在的最大问题是超重和肥胖。

总体而言,美国是世界上研究青少年学生体质健康最早的国家,在漫长的研究历史中,政府大力支持,起到了举足轻重的作用。随着研究的深入发展,青少年体质测试指标越来越完善,对学生体质健康状况的反映越来越客观、真实、全面,并相应地采取了很多积极有效的策略来干预青少年体质健康,以提高青少年体质健康水平。

(二)欧洲

欧洲非常关注青少年体质健康,一些发达国家还成立专门的组织来研究青少年学生体质健康,促进青少年健康发展,如学生体质健康工作委员会就是这样一类组织,该组织不仅致力于对学生体质健康研究工作的开展,还对学生体质测试体系进行构建与完善,取得了显著的成绩。欧洲发达国家开展青少年体质测试和研究青少年体质问题的时间很早,经过漫长的发展历史,欧洲青少年体质测评体系相对更加系统和完善(表3-1)。

表3-1 欧洲体质测试体系表[①]

测试素质	测试内容	测试指标与方法
身体形态	身高	—
	体重	—

---

① 倪艳秋.青少年体质健康现状及干预对策研究[D].烟台:鲁东大学,2013.

第三章 体育运动促进青少年体质健康的理论指导

续表

测试素质	测试内容	测试指标与方法
	身体成分	5种皮肤脂肪皮褶
最大力量	静力	握力计
	爆发力	立定跳远
一般耐力	心肺、呼吸耐力	加速穿梭跑
力量耐力	手臂	单臂悬垂
	躯干	仰卧起坐
速度素质	跑动速度	50米跑
	两臂运动速度	两臂交叉运动
平衡能力	身体平衡	单脚站立
柔韧素质	脊椎灵活性	坐位体前屈

欧洲在青少年体质测试中参考的测试标准和采用的测试方法是统一的,主要从科学、实用两个方面出发而选择适宜的测评方法,测试指标的全面性也是很受重视的一个方面。

近年来,欧洲体育教育改革取得了一定的成就,在改革中不断强调建设体育课程的重要性,指出体育与健康密不可分,要通过体育教育来促进青少年健康。在欧盟的大力号召下,各国纷纷采取有效的措施来积极干预青少年学生的体质健康,下面简单列举一些国家的重要改革举措。

英国通过政府拨款来促进学校体育教育的发展,积极干预青少年学生的体质健康。

德国深入开发校内校外的体育教育资源,将体育课堂教学和课外体育俱乐部活动有机联系起来,加大对青少年体育教学内容的拓展与改革力度,并在体育课上积极引入学生喜爱的休闲体育运动,如攀岩、滑冰等项目。

瑞典和丹麦对课外、校外体育活动的开展很重视,学校布置课外体育锻炼的任务和作业,督促学生完成,以培养学生良好的运动锻炼习惯和健康的生活方式。

法国在学校体育教育中纳入交通安全教育的内容,培养与提高学生的安全意识。

北欧一些国家重视学校健康教育和家庭健康教育的互动与结合,学校定期向学生家长报告学生的健康数据,提出改善建议,家长通过数据对孩子的健康情况有一定的了解,从家庭层面实施积极干预,并配合学校监督学生完成体育锻炼活动。

(三)日本

日本将体质和体力视作同一个概念,有关学者指出体质包括两个方面的因素:一是身体因素,涵盖了体形、体能、体格、反应能力、适应能力等要素;二是精神因素,涵盖了情绪、性格等心理特征相关要素。在体质研究方面,日本的资料最为丰富、全面,日本体质研究水平在全世界都是名列前茅的。日本早在明治维新时期就已经开始研究人的体力了,发展到现在,研究历史已有百余年。日本最先对青少年学生的体力进行测试是在19世纪末,当时有关部门以在校学生为调查对象而对他们的身体活动能力展开调查与测试。在1975~1985年这十年的时间里,日本学生体力测试成绩基本稳定,没有明显的增长与下降。但1985年以后,学生体力测试成绩下降趋势明显,1998年,政府认识到了问题的严峻性,想方设法控制这个趋势。政府总结了原有青少年学生体力测试方案的优劣势,并进行了反思,研究出了新的测试方案,并在各校广泛实施"新体力测试标准",新的测试方案中关于健康评价的指标有所增加,引体向上、台阶试验等指标被取消。新的测试标准中20米往返跑也被作为耐力测试备选指标而被纳入其中,这主要是出于安全考虑,本着对学生安全负责的原则而调整的(表3-2)。为了提高测试的合理性,测试与评价标准还有组别划分,一般是按年龄分组,这种分年龄测试的方法方便测试人员更加直观地纵向对比不同年龄段学生在同一测试项目中的成绩,从而全面掌握学生的整体体质状况。随着学校体育的不断发展和深入改革,学生体质测试指标也越来越健全和完善。另外,新的测试标准对培养学生的健康行为习惯和科学生活方式很重视,所以学校除了完成在校期间的体质测试与管理外,还强调课后和校外的运动锻炼。

第三章 体育运动促进青少年体质健康的理论指导

表 3-2 日本青少年体质测试新旧指标[①]

旧指标	新指标
50 米跑	反复横走
引体向上	握力或坐位体前屈或引体向上
急行跳远	反复横走
纵跳	女子 1 000 米跑(或 20 米往返跑)
1 500 米跑	男子 1 500 米跑(或 20 米往返跑)
台阶试验	立定跳远

国外在青少年体质研究方面有很多值得我国借鉴和学习的地方，国外青少年体质研究视角和成果对我国具有重要的启示作用。需要注意的是，因为我国与国外的发展背景不同，学生的体质特征和现状也不同，所以不能完全借用国外青少年体质测试标准和方案来测试我国青少年学生的体质状况，我国应该立足国情，从我国青少年体质健康现状出发而选择适宜的测试指标与方法，有取舍地加以借鉴和参考，吸收优势，弥补不足，以不断完善我国青少年体质测试体系。

二、我国青少年体质健康研究综述

(一)青少年体质健康现状研究

很多专家与学者对我国青少年体质状况做了大量研究，下面简要分析几个具有代表性的研究成果。

周爱光等对比分析了我国与日本青少年学生的体质健康状况，指出我国青少年学生体质水平落后于日本学生。

周从改研究指出，现阶段我国青少年体质健康方面存在的问题较多，青少年体质健康水平总体不高直接制约了青少年的全面发展，也给中国科、教、文、卫事业的发展及人民大众健康素质的整体提升带来了负面影响。

邹志春等研究指出，虽然我国人民群众的生活条件改善了，医疗卫生事业的发展也取得了显著的成就，但是青少年的体质健康水平依然呈

---

① 李志成.青少年运动感知觉变化规律及其与体质健康关系研究[D].苏州：苏州大学，2020.

下降趋势,没有得到很好的控制。

唐红斌等研究指出,我国青少年学生体质健康状况堪忧,存在高肥胖率、高超重率、力量和耐力素质低下等问题,这与青少年学生长期的坐姿学习和生活习惯以及不注重运动健身锻炼等原因有关。

杨桦研究指出,我国不同地区青少年学生的体质健康状况存在差异,而且城市与乡村的青少年体质健康水平也有差异,地区之间和城乡之间这方面的不平衡体现在很多体质指标上。总体来看,我国青少年学生的身体形态有所改善,但身体机能状况不佳,运动素质也不高,肥胖问题在青少年群体中越来越普遍。

总的来看,我国学者对青少年体质状况的研究视角涵盖了多个层次和多个角度,从而将我国青少年学生的健康问题直观地指出来。但综合分析来看,有些研究缺乏真实直观的数据,有些研究主要采用单一的比较方式来处理调查数据,研究不够深入,这是我国青少年体质健康现状研究中存在的一些主要问题。

(二)青少年体质健康影响因素研究

关于我国青少年体质健康影响因素研究的资料比较多,下面列举几个做简单阐释。

冉明研究指出,当前我国青少年体质健康水平整体不高是内外因素共同影响与制约的结果,其中影响较大的因素有教育体制本身的问题,素质教育的普及不够全面、深入,应试教育阶段一些不科学的教学现象依然大量存在;学校体育与竞技体育的发展缺少联系,竞技体育比学校体育更受重视,学校体育将焦点放在培养竞技后备人才上;学校体育教学模式单一陈旧等。

张雷研究指出,影响青少年体质健康的因素包括学校因素、家庭因素和个人因素,学校因素主要是指学校体育教育落后,体质测试不受重视;家庭因素是指家庭缺乏浓厚的运动氛围;个人因素是指青少年自己缺乏良好的健康意识和运动锻炼意识。这三个方面的原因导致我国青少年体质健康状况不容乐观。

马新东、刘波等对我国青少年体质健康状况和美国青少年体质健康状况做了对比,指出超重和肥胖是两国青少年共同面临的健康问题,而生活习惯不好、饮食不规律、缺少运动是造成这些问题的主要原因。但不同的是,美国青少年健康意识较强,行动少,而中国青少年健康意识较弱。

总体而言,社会因素、学校因素、家庭因素以及个人因素这四个方面的因素共同制约了青少年体质健康,而学者们将研究的焦点主要集中在学校因素上。这主要是因为青少年的大部分时间是在学校中度过的,学校体育深深影响着青少年的体育意识与运动行为。我国学校体育教育侧重于对学生运动技能的培养,而缺少健康教育,健康教育与体育教育的融合不够深刻,和发达国家相比,青少年的健康意识较弱,需要学校通过合理设置体育课程、全面改革与创新体育教育、宣传健康知识、营造良好的运动环境等途径来改变青少年体质现状。

(三)青少年体质健康测评研究

我国有很多学者专门研究了青少年体质健康测评的相关问题,下面列举几个具有代表性的观点进行简要阐述。

周丛改研究指出,我国缺乏健全的青少年体质测试与监管制度,测评机制和监管机制都存在很多问题,如反馈机制不灵敏、评价机制不科学、监督机制不严肃等,从而影响了青少年体质测试的决策与有效管理,导致青少年体质测试工作的开展缺乏保障。

周进国等对比了我国与日本关于青少年体质测试工作的开展情况,分析指出,我国青少年体质测试工作开展历史比较短,缺乏成熟的测试体系和管理机制,体质监测依然是工作重点,而体质监测与健康促进一体化的制度体系尚未形成。

张彦峰等筛选并论证了现阶段我国青少年体质健康测试的常用指标,对较为系统、全面的青少年体质测评指标体系进行了构建,以期通过科学、有效的体质测试,对青少年的体质特征、体质变化规律、体质健康状况有直观的了解和准确的把握,从而有助于采取对策来有效干预青少年体质健康。

岳建军等研究指出,构建青少年体质健康评价指标体系时,放在首位的应该是"额度",不要围绕运动技能而建立体系,要围绕的中心应该是"体质健康"。教育部门应该和疾病预防控制中心等相关部门联合起来共同参与对青少年体质健康评价标准的制定。

（四）青少年体质健康干预策略研究

我国很多学者就如何改善青少年体质健康状况，提高青少年健康水平的问题做了大量研究。下面选取几个具有代表性的研究成果进行分析。

郝英研究指出，为促进青少年体质健康，要对全校教师的体育素质和健康素养进行培养，构建良好的体育教育环境，提高全校师生对体质健康的关注度。

于文谦等研究指出，要从根本上解决青少年的体质健康问题，促进青少年持续健康发展，就要在信息化背景下通过智能终端设备来加强对体育运动的普及与传播，使青少年能积极参与体育锻炼，提高青少年的运动意识，培养青少年的良好运动习惯。

马新东等指出，为增强青少年体质，提高青少年健康水平，需要将体育教育与健康教育结合起来，注重对体育健康课程的设置与完善，并培养体育教师的综合素养，同时要面向青少年群体大力开发体育健身市场和体育培训市场，提高青少年、体育教师以及家长的体育素养。

总之，我国学者立足青少年体质健康现状，基于对影响青少年体质健康的主要因素的考量而提出改善对策，强调学校体育改革与发展对青少年体质健康的重要促进作用，指出学校要联合家庭、社会、政府等多方面的力量来集中干预青少年体质，解决青少年的健康问题，促进青少年健康成长和全面发展。

第二节　体育运动对青少年体质健康的作用

体育运动对青少年体质健康的作用是正面的还是负面的，关键取决于青少年参与体育运动是否科学、合理，如果科学参与体育运动，合理设计与实施运动处方，那么运动效果就是良好的，体育运动促进健康的积极作用就能充分发挥出来。如果运动不合理、不科学，如运动过度或缺乏运动，那么就会对青少年体质健康产生负面作用，危害青少年健康，影响青少年正常生长发育。本节分别从科学、合理运动，缺乏运动以及运动过度三个方面来分析体育运动对青少年体质健康的作用。

第三章 体育运动促进青少年体质健康的理论指导

一、科学、合理运动对青少年体质健康的积极作用

(一)促进青少年生长发育

青少年要注重体力与智力的全面发展。青少年多参加运动锻炼,增加体力活动,学习多种运动技能,养成良好的体育锻炼习惯,对生长发育和身心健康都有很好的促进作用。运动锻炼对身体骨骼发育起到了很关键的作用,骨骼的生长有赖于运动对骨骼施加的力量刺激。运动中的肌肉收缩和重力变化给骨骼组织发出信号,让其感受到生长的需要,信号越强,反应越大,所以经常运动的青少年发育得更好。

(二)改善血液循环系统

血液循环为身体各个器官输送氧气和各种营养物质,维持它们的生命活动。运动时人体需要很多的氧气及能量物质,在这个过程中心脏需要通过加压提高血液的循环量来提供更多的养分。长期运动健身能让心脏得到更好的锻炼,改善循环系统功能,让心肌变得更加强健,从而降低心血管疾病的发生率。

运动健身可让血管更富弹性,变得更粗,输送血液的能力更强。运动通过消耗脂肪和降低体重,可以减少血液低密度脂蛋白,增加具有保护力的高密度脂蛋白,维持血管弹性及通畅度,降低血压,有效降低患病风险。

(三)改善呼吸系统功能

运动时,呼吸和心跳加快,心脏输出血量增加,肺吸入的气体量也随之增加。肺泡活动增强,使更多的肺泡参与气体交换,血液含氧量增加,可以促进新陈代谢,提高人体对环境的适应能力。

呼吸效率越高,呼吸频率越慢,呼吸肌就能够得到充分的休息,从而更进一步提高工作效率,维持更高的身体活动能力。

(四)促进消化系统发展

科学运动健身能增加体内营养物质的消耗,提高机体代谢率,从而

增加食欲。这是因为经常适当运动可以增强神经-体液调节系统和血液循环的功能,深而慢的呼吸又造成膈肌大幅度升降和腹肌的配合活动,对胃肠和肝脾起到良好的按摩作用。所以经常参加运动锻炼能改善消化系统的功能,使食物的消化、营养物质的吸收更加充分和顺利,从而为体质健康提供良好的物质保证。

(五)促进神经系统发展

青少年在运动锻炼中还能使大脑功能得到全面发展。运动锻炼能使神经系统得到发展,特别有助于提高想象力、空间思维能力和组织规划能力。所以家长应该鼓励青少年多锻炼,养成良好的运动习惯,提高大脑工作效率,进而提高学习效率和学习成绩。

(六)预防疾病

生命在于运动,合理的运动健身能增强体质,促进人体的内循环和内分泌,使人体脏器的各项功能维持在较高水平,从而有效提高人体免疫力,防病抗病。当人体运动时,机体血液循环加快,血液中淋巴细胞、吞噬细胞、白细胞介素等各种免疫细胞及因子增多,这些细胞及因子会阻止、消灭、杀死侵入机体的细菌、病毒等有害物质,有效保护机体免受伤害。运动能使骨髓快速生成白细胞,白细胞生成增多,一旦体内出现癌细胞,大量白细胞会消灭癌细胞。运动可以减少血液中的糖分,并增加血液中胰岛素的产生,从而达到预防糖尿病的效果。糖尿病是一组以高血糖为特征的代谢性疾病群。而运动可直接促进糖的代谢,消耗体内糖。对于过度肥胖的人来说,运动加食疗是最有效的办法。不仅如此,运动对其他疾病都能起到很好的预防效果。

二、缺乏运动对青少年体质健康的消极作用

长期缺乏运动,人体新陈代谢降低,很容易引起肩周炎、骨质疏松等各种肌肉、关节疾病,同时也会出现心肺机能下降等不良身体反应。久坐不动还会引起痔疮、坐骨神经痛、盆腔淤血等病症。运动不足也会严重降低机体抵抗力,易患疾病。下面简要分析缺乏运动对人体的不利影响和消极作用。

（一）对心血管机能的消极作用

运动缺乏可导致氧运输能力低下，血管弹力减弱、心脏收缩力不足，心脏机能降低。运动缺乏使血液黏度增高，血流缓慢，容易形成血栓。运动缺乏可使体内动脉壁内淤积大量脂类，影响各组织、器官的供血，加速心血管系统疾病的发生。

（二）对呼吸机能的消极作用

运动缺乏可造成肺通气和换气机能下降，气体交换效率下降。呼吸表浅，每分钟呼吸次数增加，呼吸肌的调节能力减弱，进而使呼吸机能降低。

（三）对胃肠机能的消极作用

青少年久坐不动，胃肠蠕动慢，食物聚积于胃肠，使胃肠负荷加重，长此以往可导致胃溃疡、十二指肠溃疡或出血等慢性顽疾。

（四）对神经系统的消极作用

运动缺乏可导致脑细胞的新陈代谢减慢，使人记忆力与大脑工作的耐久力差，大脑皮质分析、综合、判断能力减弱，反应慢、大脑工作效率降低。

（五）对运动系统的消极作用

运动缺乏易导致骨质疏松，骨密度降低，降低关节灵活性和稳定性，肌肉纤维变细、无力，肌肉收缩能力减退，同时骨周围肌肉组织肌力减弱，容易引发骨折。

（六）运动缺乏容易使身体肥胖

缺乏运动可使体内的热量转化为脂肪，导致超重或肥胖。缺乏运动还可发生高胰岛素血症、胰岛素抵抗、高血压、高血脂、低密度脂蛋白增加、糖耐量降低等症状，引起代谢紊乱综合征。

（七）运动缺乏容易出现亚健康症状

运动缺乏可导致很多亚健康症状，常见的有记忆力减退、注意力不易集中、精神不振、焦虑、多梦、疲劳、情绪不稳定、困倦、烦躁、健忘、虚弱、失眠、疑病、思维效率低、易感冒、嗜睡、四肢乏力、头晕、目眩、抑郁、头疼等。

三、运动过度对青少年体质健康的危害

"生命在于运动"，但不是所有的运动都有益于人的生命。过度的、剧烈的运动往往使人体生理功能失调、器官受损，甚至造成生命威胁。过度运动使血压急剧升高，诱发心力衰竭，可能发生猝死。过度运动会使人体内各器官供血、供氧失去平衡，导致大脑早衰，内分泌系统紊乱，使免疫机制受损，加速身体各器官的损耗。下面具体分析运动过度对青少年体质健康的危害。

（一）对心血管机能的危害

过度运动可引起心肌毛细血管的持续性损伤，心肌发生缺氧性损害，心肌收缩力下降。表现为胸闷、心律不齐、休息时心率加快及运动后心率恢复慢。过度运动是引起猝死的主要原因之一，如果盲目运动，不量力而行，运动负荷超出心脏承受能力，可能出现心肌缺血或心绞痛等意外事故。

（二）对胃肠功能的危害

过度运动可造成食欲不振、恶心、胃肠功能紊乱等不良反应。

（三）对运动系统的危害

过度运动可造成骨骼肌收缩能力下降，使肌肉持续酸痛；可造成关节慢性劳损，表现为关节疼痛和肿胀。连续过量运动情况容易造成骨与肌肉附着力点处的疲劳骨折。青少年过度运动易导致运动损伤，发生肌肉、韧带、关节劳损。

（四）对泌尿系统的危害

过度运动可使机体大量出汗，肾血流量减少，尿液浓缩，产生高渗性原尿。过度运动时，血管收缩使机体缺氧和二氧化碳潴留，导致肾脏急性受损，滤过膜通透性增加，可能造成运动性血尿。

（五）对生殖系统的危害

女性在青春期过度运动可能导致月经紊乱，外阴创伤，卵巢扭转、破裂，子宫内膜异位症等症状。

（六）对免疫机能的危害

过量运动会造成过度疲劳，机体不能获得调整及物质补充，导致神经、体液调节失衡，体内免疫球蛋白水平急剧下降，使人体免疫能力受损，从而影响健康。

（七）对神经系统的危害

过度运动可造成记忆力下降、头晕、头痛和失眠等，还可能出现自主神经紊乱症状，表现为面色苍白、恶心、出汗、眩晕及耳鸣等，甚至导致意识丧失、肌张力丧失而突然晕厥等。[1]

第三节　科学体育运动锻炼的原则与方法

一、科学体育运动锻炼的原则

（一）明确目的原则

参加体育锻炼，首先要明确自己的锻炼目的，追求健康当然是最根本的目的，但具体追求哪方面的健康，要重点发展哪方面的素质，要达到什么具体的目标，这些问题都必须弄清楚。如果笼统地说为了健康，

---

[1] 郭庆红，徐铁.健身运动指导全书[M].北京：农村读物出版社，2012.

那么几乎所有健身计划都适合。目标明确才能在锻炼过程中做到有的放矢。

(二)量力而行原则

运动锻炼讲究量力而行,青少年应该在自己所能承受的负荷范围内进行锻炼,宁可负荷偏小也不能运动过度。负荷偏小只不过是锻炼收益较小,而如果超负荷锻炼,那么将会影响健康,因此在健身中要把握一个"度"的问题。

(三)循序渐进原则

循序渐进是健身锻炼的一个重要原则。在运动锻炼中必须遵循运动条件反射的建立和巩固规律原则,从易到难、由简到繁进行锻炼。运动锻炼也应遵循神经过程的内抑制的发展规律,从机体分化抑制发展到较为粗糙分化,逐渐发展到精细分化。健身锻炼给人体各器官系统形态、机能、生理功能带来的积极变化也不是一朝一夕之功,而是在多次乃至长期的锻炼刺激作用下逐渐产生的适应过程,所以在健身锻炼中要合理安排运动负荷,逐渐递增负荷。

(四)持之以恒原则

在运动锻炼中遵循持之以恒原则是由机体本身的适应规律决定的,只有不断让身体承受一定的外在刺激,才能不断获益。如果不能长久坚持,那么已经获得的好处也会逐渐消失。

(五)灵活多样原则

健身锻炼中要求常换常新、灵活多样,如果长久采取同一种锻炼方法,不利于调动积极性,也不利于提高机体的适应能力。要改变机体适应的状态才能获得良好的健身效果,所以采取灵活多样的锻炼方法是有必要的。

(六)全面发展原则

贯彻全面发展的健身锻炼原则,要求全面提高身体各器官系统的机能,全面增强身体素质,促进身体发育,提高基本活动能力,促进身体全面协调地发展。全面发展要求锻炼要讲究"内外合一",既要注重内在心肺功能的健康,也要注重外在形态的健康。[①]

二、科学体育运动锻炼的方法

(一)重复练习法

重复练习法是在相对固定条件下,按照一定要求反复做同一练习的方法。这种方法主要适合负荷较小或用时较短的项目,以及动作技术比较复杂或者运动负荷较大、难以一次完成的练习。重复练习过程中,每次(每组)练习都安排适宜的休息时间,每次(每组)练习的时间、强度、间歇时间和练习总次数相对固定。

(二)变换练习法

变换练习法是通过改变练习内容、练习强度和练习环境而进行练习的方法。变换练习法能够提高中枢神经系统的灵活性,促进身体调节能力和适应能力的提升。同时,变换练习法对于调整健身计划,活跃锻炼氛围,提高健身积极性也有积极意义。要根据长远计划和实际需要而采用变换练习法。变换练习法应是短期和非经常性的,在达到变换的要求之后,转入常规练习。

(三)持续练习法

持续练习法是为了保持有价值的负荷量而不间断地进行练习的方法。一般应依据负荷价值有效范围而确定持续练习时间的长短,持续练习可使机体各部位长时间地获得充分的血液和氧的供应,因而有利于增强有氧代谢能力。对于较为容易且熟练的动作适合采用持续练习的方法。

---

① 徐勇灵,高雪峰.科学运动与体质健康促进指导手册[M].广州:广东高等教育出版社,2016.

(四)间歇练习法

间歇练习法是在两次练习之间规定休息时间,在机体尚未完全恢复的情况下进行下一次练习的方法。青少年可从个人实际情况出发而决定间歇时间的长短。水平低者,间歇时间长;反之,间歇时间短。利用间歇时间做积极性的休息和放松,以加快氧气供应。[1]

(五)组合练习法

组合练习法指的是将两种或两种以上性质有差异的练习组合起来循环性地依次练习的方法,因而也被称作循环练习法。示例如图 3-1 所示。

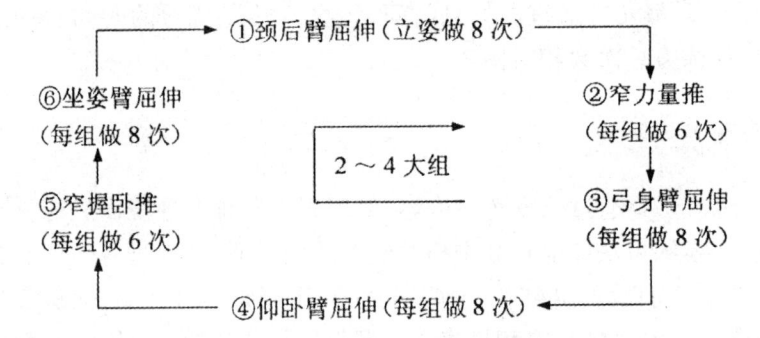

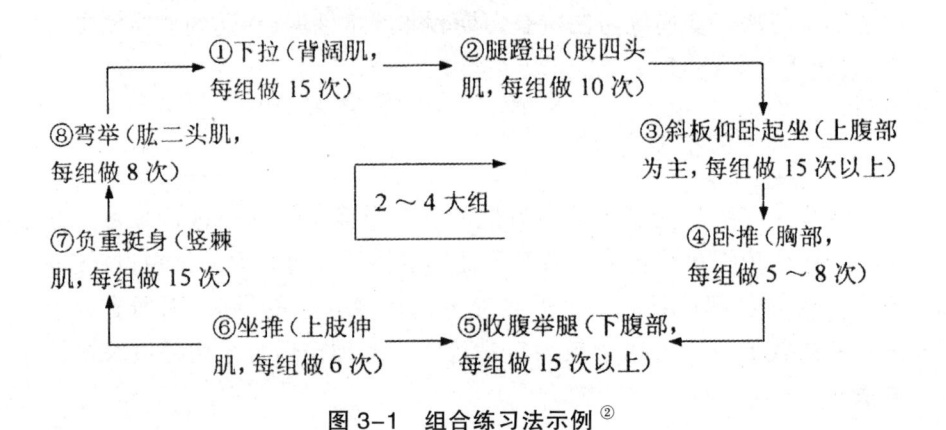

图 3-1 组合练习法示例[2]

---

[1] 刘胜,张先松,贾鹏.健身原理与方法[M].武汉:中国地质大学出版社,2010.
[2] 同上。

组合练习法包含流水式的组合练习、分组轮换式的组合练习两种运用形式。不管采用哪种形式，都能弥补单一练习的片面性、枯燥性，各种练习内容在健身功效上相互补充与促进，从而促进身体全面健康。

第四节　青少年体育运动锻炼的误区与正确认识

一、运动强度越大，锻炼效果越明显

（一）认识误区

经常运动对生长发育、血液循环、呼吸机能、消化系统、神经系统、运动体能等身体机能和身体素质的发展都有重要作用，所以有些青少年平时喜欢参与大强度运动，不顾自己的运动能力和接受能力而盲目增加运动量，每次都锻炼到没有力气才肯罢休，认为这样才能取得更好的锻炼效果，其实这是错误的认识。

（二）指点迷津

我们承认运动强度直接影响锻炼效果，二者之间存在着必然的联系，但如果运动强度超过身体负荷，那么不仅对健康无益，还会损害身体，甚至有生命危险。人体需要置身于一定的环境中才能新陈代谢。这里的环境既包括人体细胞所处的内环境，也包括机体所处的外环境，人要生存，身体机能系统就必须在稳定的内环境中完成工作，这是根本条件。如果运动强度超出身体负荷，内环境受到干扰和刺激，不再具有稳定性，生理平衡也遭到破坏，再加上身心受到的刺激超过承受能力，而自我更新速度慢，最终导致机体环境失衡而引起损伤。

青少年必须从自身身体情况出发，选择适宜强度的项目和锻炼方法，在运动过程中充分调动身体各个组织系统，使机体组织在稳定的环境中完成物质代谢和发生一系列积极的生理反应，这样才有助于疲劳的恢复，从而取得理想的锻炼效果。

二、运动后"急刹车",体能可以快速恢复

（一）认识误区

有的青少年完成剧烈的运动后习惯马上停下来休息,也就是运动后"急刹车",比如完成长跑运动后感到四肢无力,头晕目眩,身体疲乏,所以立刻坐下来或躺在操场上休息,希望尽快恢复体能,其实这并不利于体能的快速恢复。

（二）指点迷津

剧烈运动后"急刹车"的做法没有科学性,会危害身体健康。当我们处于运动状态中时,肌肉有节奏地连续收缩和舒展,肌肉舒展放松时大量血液在血管中,收缩时血液向心脏流动,如果立刻停止运动,血液依然从心脏流向身体周围,而向心脏回流的血液却很少,这样不仅不利于消除疲劳,还会对下肢血液回流造成阻碍,血液循环受到干扰,这种情况下身体更加疲劳,甚至有重力性休克的风险。因此剧烈运动后立刻停下来保持坐姿或卧姿的休息姿势是不科学的,与运动生理学科学理论是相悖的。

正确的做法是,结束运动后,不管身体多累,都要先对呼吸进行调整,通过慢跑或步行来缓冲和过渡,做整理类、放松类练习,增加回流到心脏的血液量,使重力性休克得到有效的预防。运动后的整理活动要与正式的活动内容相联系,或者说整理活动是正式锻炼运动的延续和衔接。例如,完成滑冰、跑步等运动后,继续减速滑行或减速跑,同时调整呼吸,多做深呼吸和下肢屈伸练习,以放松肌肉,恢复心率,这对消除疲劳、恢复体能以及预防脑缺血、重力性休克都具有重要意义。

三、多吃饭可以补充运动消耗

（一）认识误区

青少年大都喜爱球类运动,参加篮球或足球运动会消耗大量的能量,运动结束后青少年会通过大量饮食来补充能量,满足机体对能量的

需求,以促进消耗与吸收的平衡。一些青少年认为只要吃得多,就能很快补充消耗的能量,所以运动后大量喝饮料和吃零食便成为一件很享受的事。

(二)指点迷津

青少年处于生长发育的关键时期,饮食和营养对生长发育有很大的影响,所以喜欢运动的青少年一定要注意科学补充营养,合理饮食。人们吃饭就是为了获得机体需要的能量和营养,以促进机体发展,延续生命,不同的人对营养有不用的需要,这与人的性别、年龄、生理状态等有关,但运动后是不是就该多吃饭与人的食欲有关,而运动强度和运动量大小在很大程度上影响着人运动后的食欲。合理的运动锻炼对血液循环、新陈代谢有促进作用,能够改善人的食欲和精神状态,如果运动量大,大量消耗体内热量,那么机体的需氧量也会增加,运动后饭量也会大一些。但是如果运动过度,机体疲劳加重,减少胃酸分泌,影响消化系统机能,这时食欲就会减弱。

补充食物能够给机体提供能量,人体能量主要来源于三大营养素,即脂肪、蛋白质和碳水化合物,人体能量的消耗量与补充量要保持平衡,要根据消耗能量的多少来决定需要补充多少能量,所以运动后并不是吃得越多越能弥补消耗,要视运动中消耗的能量而定,也要根据运动后机体的反应来安排饮食。

四、运动时喝冰水解渴

(一)认识误区

许多青少年本身就喜欢喝饮料,运动时更喜欢喝冷饮,有时贪一时凉爽,直接喝冰水来解决口渴的问题,他们认为喝冰水不但能够补水,还能降低体温,感觉很清爽。

(二)指点迷津

运动中会有大量热能产生,一部分热能为肌肉活动提供能量,满足机体运动之需,另一部分热能会使人的身体温度升高。运动中产生的热量随着运动量的增加而增多,如果机体散热不充分、不及时,体内积蓄大量的热能,身体温度持续不断地升高,那么就会影响生理机能的正常运行和运动能力的正常发挥。

运动过程中人体散热的主要方式是出汗,运动强度越大,环境温度越高,消耗的热能越多,出含量也就越大。机体很可能因为大量出汗而陷入脱水状态,这时就会严重影响身体机能的正常活动,导致运动能力下降。所以运动中补水很重要。但如果饮用温度太低的水,肠胃突然受到冷刺激,就可能引起胃痉挛,影响消化系统功能,这样机体就不能很好地吸收水分,不仅口渴的问题没有得到解决,反而引起了运动疾病。

运动中补水,水温为 8 ~ 14 ℃为宜,这个温度的水能够很快被吸收,不仅能解决口渴问题,还能补充能量,满足运动时机体的需求。

五、专项训练要从小抓起

(一)认识误区

喜欢运动的青少年大都有自己崇拜的优秀运动员或喜爱的体育明星,优秀运动员或体育明星童年的训练生活对青少年来说是很励志的,有的家长发现了孩子的运动天赋,希望向运动员的方向培养孩子,当他们看到优秀运动选手童年辛苦训练与现在辉煌成绩的必然联系后,便萌生了让自己孩子早一些参加专项训练的念头。喜欢参与体育运动并立志当运动员的青少年也不反对早早参加专项训练,希望越早从事专项训练,就越早成为优秀的运动选手,取得优异的比赛成绩。这种认识其实是不科学的,正所谓"欲速则不达"。

(二)指点迷津

一个人的运动训练水平和竞技能力高低是同时受多方面因素影响的,开始从事专项训练的时间并不能完全决定将来的运动水平和运动成绩。体能、心理素质、智能、技战术能力等因素都很关键。有人用"水桶理论"来解释运动员训练水平的发展变化,运动员的训练过程其实就像把水装进木桶里的过程一样,一旦木桶开了一个小口或木桶制作材料高度参差不齐,那么就会影响木桶的装载能力,表现在运动员身上就是影响运动员的训练水平,最终对其运动成绩产生影响。

孩子早早从事专项运动训练,那么其身体素质就很难得到全面发展,这对其将来训练水平的提高会造成严重影响。所以说,培养青少年体育后备人才,要从基础训练和基础教育抓起,只有先把基础训练工作做扎实、做全面,使青少年具备了良好的身心素质,才能为未来专项发展奠定良好的体能基础,因此早期的运动以追求健康和全面发展为主,过早追求专业训练会适得其反。

六、运动影响学习,不可兼顾

(一)认识误区

尽管我国现在实施素质教育方针政策,但应试教育的思想和教学现象依然存在,"重智育而轻体育"的思想意识在青少年及其家长群体中还是很普遍的。很多家长、青少年认为体育锻炼影响文化课学习,运动容易使人分心,影响文化课程学习的专注力,影响学习成绩和升学。

(二)指点迷津

科学合理的体育运动能够增强青少年神经系统的兴奋性,使青少年的记忆中枢获得积极性休息,有助于提高青少年的记忆力和学习能力,而且运动还能改善神经系统分析器的机能,提高神经活动的灵活性和均衡性,有助于帮助青少年缓解压力,促进其紧张情绪的消除和睡眠质量的改善,对其学习效率的提升都有很大的帮助。

体育锻炼不仅对生长发育有益,对健康有益,还对学习有益,一举多得,所以说运动影响学习是错误的认识,但如果过度运动或完全沉迷运动,不能平衡运动时间和学习时间,那么就会影响学习,这是不倡导的。青少年一定要科学参与运动,对运动量合理控制,以促进身心健康和全面发展为主要目标,这将对学习及未来发展起到积极的促进作用。

第四章　体育运动对青少年体质与心理健康的促进与改善

大量的实践与事实表明，经常参加体育运动锻炼对人的体能素质及心理水平都有重要的改善作用。伴随着我国全民健身运动的广泛开展，热爱体育运动锻炼的人也越来越多，这对于我国国民体质的增强起到了极为重要的作用，有利于"健康中国"的建设与发展。

第一节　青少年体质健康与心理健康概述

一、体质健康

（一）体质健康的概念

体质健康也就是我们通常所说的生理健康，世界卫生组织（WHO）对健康概念的界定为："健康，不仅指一个人没有症状或是疾病表现的状态，还是指有良好的生理、心理状态及社会适应能力。"其中的生理状态就是所谓的生理健康，可以将其理解为：人体生理功能上健康状态的总和。

受认识的局限性限制，人们通常都认为生病就是指的生理性疾病，引发人们生理性疾病的因素有很多，其中，阳光、空气、水、气候与季节、病菌及自然生态平衡等这些自然因素是始终存在的，不可避免的，因此在遇到这些因素时要具体问题具体分析。这些自然因素对人们体质健康的影响主要体现在积极影响与消极影响两个方面。积极的影响主要是指为人体体质的发展创造良好的自然环境；消极的影响主要是指一些有害物质对人体健康不利，影响人体体质的发展。总体来看，由自然因素引起的人体受细菌或病毒感染是影响人们体质健康最为重要的因素。

(二)体质健康的标准

衡量人体体质健康的标准主要体现在以下几个方面。

1. 吃得快

吃得快,不仅包括吃饭的速度快,还要做到不挑食、不偏食,吃完之后有饱足的感觉,过饱或不饱都是一种不健康的饮食方式。

2. 便得快

便得快,主要指的是大小便速度快、时间短,有着轻松的感觉。

3. 睡得快

睡得快,主要指睡眠时间适宜,睡眠时间过多或过少都不行,一定要保证睡眠的质量。一些智能手表、智能手环等都有检测睡眠质量的功能,因此可以用这些电子产品来检测与提醒自己是否拥有良好的睡眠。

4. 说得快

说得快,主要指说话的速度适中,说话顺畅,有着清晰的表达。

5. 走得快

走得快,不仅仅指的是走路的速度快,走起来生还要协调和轻松,迈步有力,反应迅速和动作流畅。

以上内容都是体质健康的几个重要的标准,青少年学生可以参照以上几点,检查自己是否符合体质健康的一般标准。

二、心理健康

(一)心理健康的概念

在人的健康之中,心理健康也是非常重要的内容。心理健康主要指的是个体心理在本身及环境条件许可范围内所能达到的最佳功能状态,不是指绝对的十全十美状态。通过各方面的理解,我们可以认为,心理健康指的是个体自我良好、对环境适应良好的一种状态,这一种状态对于人们心理品质的完善及各项身体素质的发展都具有非常重要的意义和作用。

与体质健康不同,心理健康可以说没有一个明确的指标。在现实生活中,心理异常与心理正常之间往往没有非常明晰的界限,二者之间没有不可逾越的鸿沟。或许心理正常的人在某种情况下也可能会出现心理异常现象,但是经过一段时间后会恢复到正常水平,这一种情况也是普遍存在的。

相关研究与实践表明,一个乐观、开朗的人,其新陈代谢水平往往要比那些郁郁寡欢有心理问题的人要高,具有良好的新陈代谢的人,其身体抗病力也相对较高。由此可见,保持良好的心理状态是非常重要的。这一点要引起高度重视,不能只重视体质健康的发展而忽略了心理健康。

(二)心理健康的标准

1. 心理健康与否的判断原则

实际上,心理健康并没有一个统一的标准。至今关于心理健康的标准也没有达成一个共识。但是,通过诸多专家及学者的研究,人的心理健康的标准集中体现在以下几个方面。

(1)心理活动要和现实环境和谐统一。

(2)心理活动本身要和谐统一。

(3)人格要相对稳定。

2. 马斯洛心理健康标准

美国心理学家马斯洛通过自己多年的研究与经验提出了关于心理健康的10条标准,这一标准受到了社会的认可。

马斯洛关于心理健康的10条标准如下所述。

(1)社会适应能力较好。

(2)能客观认识与评价自己的能力。

(3)所制定的生活目标与实际相符。

(4)没有从周围的现实环境中脱离出来。

(5)人格完整与和谐。

(6)拥有良好的生活经验,善于学习与提高。

(7)具备良好的人际关系。

（8）有效控制情绪,保持心理稳定。

（9）不损害集体利益,能充分发挥自身的个性。

（10）个人的基本需求能够得到有效的满足。

一般来说,人体心理健康的标准是相对的,不是绝对的。众多学者所提出的心理健康的标准往往都是一种理想的状态,这种状态是很难达到的,因此,准备地说,心理健康标准是人们在心理健康方面努力的方向。

第二节　体育运动对青少年体质健康的促进

一、体育运动促进青少年体质健康的方法

（一）不同季节体育锻炼的安排

1. 春季体育锻炼

一般来说,在春季,人体各器官功能的水平都比较低,肌肉和韧带都显得比较僵硬。因此进行适当的体育锻炼是尤为必要的。在春季参加体育运动锻炼,选择的运动项目或运动方式要以能加速体内的新陈代谢为主,能有效提高人体各器官的机能水平。另外,要尽可能选择以有氧代谢供能为主的运动项目,运动负荷的安排还要合理,符合个人的身体条件。另外,青少年在参加体育运动锻炼时,还要做好充分的准备活动,从而避免运动损伤,为机体顺利参加运动锻炼提供良好的条件。

2. 夏季体育锻炼

一般来说,夏季比较炎热,有很多的学生不愿意在炎热的天气条件下进行锻炼,这不利于青少年体育运动锻炼的连续性,不利于青少年身体素质的提高。因此,青少年参加体育锻炼,还要充分考虑气候的影响。尽管会受到气候条件的影响,但也不要荒废了体育锻炼,要持之以恒地参加体育锻炼,这样才能促进自身身体素质的发展和提高。在体育锻炼的时间选择方面,青少年一定要结合自己的实际情况合理地安排锻炼的方法和时间。运动项目的选择上,可以选择羽毛球、网球等运动项目。在运动结束后一定不要忘了补充水分和各种营养素。

3. 秋季体育锻炼

秋季气温比较适中,非常适合人们参加体育运动锻炼。对于青少年而言,他们可以依据自己的兴趣选择适合自己的体育项目,如各种球类运动、健身跑、自行车等。需要注意的是,秋季一般早晚气温低,昼夜温差大,因此在参加体育锻炼时要根据气候变化情况适时增减衣物,避免出现感冒的现象。此外,秋天天气比较干燥,青少年在参加体育锻炼时还要注意补水,以维持机体所需。

4. 冬季体育锻炼

冬季也是一个比较适宜的体育锻炼的季节,青少年学生通过参加各种形式的体育运动锻炼,能有效提升自身体质水平,获得健康发展。冬季可供青少年参加的体育运动项目有很多,其中冬游、滑冰、滑雪以及各种球类都深受青少年的欢迎。由于冬季身体惰性较大,如果不做好必要的防备就容易发生运动损伤,因此一定要注意运动中的安全。

(二)不同体质青少年的体育锻炼

一般来说,青少年的体质主要分为健康型、一般型、体弱型、消瘦型和肥胖型等几种。每一种类型的学生,其体质存在的较大的差异,因此在参加体育锻炼的过程中一定要结合自身实际做好合理的安排。

1. 健康型人群的体育锻炼安排

健康型这一类型的青少年一般身体都比较健壮,热爱参加各种各样的体育运动锻炼,能承受较大的运动负荷。这一类型的大学生可以结合自身实际选择一两项运动项目作为重要的锻炼手段,坚持不懈地参加锻炼,通常都能取得不错的效果。

2. 一般型人群的体育锻炼安排

这一类型的青少年,体质一般但也没有什么疾病。据调查发现,这一类型的青少年通常都认为自己无病,不需要参加体育运动锻炼,这种认识是非常错误的。终身体育理念告诉我们,体育运动锻炼伴随人的一生,人们要建立起运动锻炼的热情和恒心,不能流于形式。在选择运动项目时,这一类型的大学生应选择那些富有趣味性的能切实取得锻炼效果的运动项目,如篮球、足球等各种球类,这些球类的趣味性比较强,能

第四章 体育运动对青少年体质与心理健康的促进与改善

激发青少年积极参加运动锻炼的兴趣,获得身体健康发展。

3. 体弱型人群的体育锻炼安排

身体虚弱的青少年更应该积极地参加体育运动锻炼,以增强体质、战胜疾病。大学生在选择运动锻炼方式时,需根据个人情况选择适宜的运动项目,如慢跑、太极拳、有氧健身操等都是有效的运动项目。对于那些体弱多病的青少年而言,体育运动锻炼要循序渐进地进行,不能急于求成。

4. 消瘦型人群的体育锻炼安排

在当今社会背景下,消瘦型的青少年占据着一定的比例。这一类型的青少年向往自己的身体更加壮实和丰满,因此需要选择合理的健身手段和方式,如参加足球、篮球等球类项目,以及游泳、骑自行车等都是很好的项目。坚持参加这些项目的锻炼通常能取得不错的锻炼效果。

5. 肥胖型人群的体育锻炼安排

在科学技术日益发达的今天,高科技给人们带来了一定的实惠与便利,也带来了一些社会文明病,如肥胖症就是其中的一种。这一体型的青少年参加体育锻炼的主要目的就是减肥,塑造良好的体型,他们可以选择一些有氧运动或者有氧无氧混合运动,如游泳、骑自行车等。坚持长期参加体育运动锻炼,就能实现减肥塑身的目的。

(三)青少年各项身体素质的锻炼

1. 力量素质

(1)力量素质概述。

力量素质是指人体的肌肉系统工作时克服或对抗内外阻力的能力。内部阻力主要包括肌肉的黏滞力、关节的加固力和各肌肉间的对抗力等。可以说,力量素质是其他人体素质的重要基础,即使其他身体素质得到了很好的发展,但是如果缺乏力量也是不行的。对于所有的运动项目而言,力量素质是其重要的基础,在平时的训练中一定要加强这一素质的训练。

通常来说,人体的力量素质主要包括最大力量、速度力量和力量耐力等几大类。

第一,最大力量。最大力量指的是机体能够克服的最大阻力的能力。实际上,最大力量与体重是没有关系的,而是与肌肉体积有关,两者是正相关的关系。

第二,速度力量。速度力量就是指肌肉在运动时快速克服阻力的能力。这一素质在很多运动项目中都扮演着十分重要的角色。速度力量的形式有很多种,其中,较为特殊且典型的有爆发力、起动力和弹跳力等几种。

第三,力量耐力。力量耐力是指运动时肌肉长时间克服阻力的能力,通常情况下,阻力与运动时间是负相关的关系。加强力量耐力素质的训练对于青少年而言十分重要。

(2)力量素质的练习方法。

①接、掷保健球训练。屈膝,双脚平放于地面,从坐位开始练习。一搭档面向你,双手持保健球,站于离你 1.2~2.0 米的位置。搭档把保健球掷于你胸前。接球,慢慢下降躯干至地板,然后返回到起始位置。当恢复到起止位置时,胸前双手把保健球传给搭档。

②快速触脚训练。平躺于地板上,要求双臂和双腿始终伸直。始终保持双臂和双腿伸直,快速用双手触摸脚尖。切记:在两个动作之间,不能完全把后背恢复到平躺位置。

③充分仰卧起坐训练。屈膝,以标准仰卧起坐的姿势躺于地面,只使下后背触到地板,双手放于脑后。收缩腹部肌肉群,使躯干提升,形成与地面垂直的姿势。慢慢恢复到开始位置,整个训练过程中保持双臂不动且始终放松。

④负重身体收缩训练。屈膝,以标准仰卧起坐的姿势躺于地面,只使下后背触到地板,双手持一杠铃片或保健球置于胸前。收缩腹部肌肉群,使双肩及上后背提升,与地面成 30°~45° 角。慢慢恢复到开始位置,整个训练过程中始终将杠铃片或保健球置于胸前。

2. 速度素质

(1)速度素质概述。

速度素质是指人体或某环节快速运动的能力,人体快速完成动作的能力、对外界信号刺激快速应答的能力以及快速位移的能力都属于速度素质的范畴。在人体的各项运动素质中,速度素质占据着重要的地位,因此青少年在平时的训练中一定要加强速度素质的训练。

第四章 体育运动对青少年体质与心理健康的促进与改善

速度素质主要分为反应速度、动作速度和移动速度、瞬时速度等几个类型。其中，瞬时速度指的是运动中各单一速度或个体速度之间转化、传递的快慢。它是由位移速度、动作速度、反应速度、器械运行速度、个体之间的配合等因素相互作用产生的综合效果，主要从动作环节间的衔接上得到体现，如田径运动中的跑跳衔接、跨跳结合、助跑与投掷出手的衔接等都属于瞬时速度，这一速度的训练也是非常重要的内容。速度素质的训练要持之以恒，不能半途而废，否则就难以取得理想的训练效果。

（2）速度素质的练习方法。

①原地支撑摆腿。

练习方法：躯干保持正直，大腿积极高抬，约与地面平行，支撑腿充分蹬直，上肢摆臂动作与下肢腿部动作协调。练习时，头颈部和肩带放松，大腿和小腿自然折叠，抬腿时避免躯干前倾。练习3～4组，每组做20次（左右腿交替进行），组间间歇1分钟。

强化练习：在髋、膝、踝等部位系弹力带，利用弹力势能增加阻力，增强蹬摆的效果；支撑脚踩平衡盘，在不稳定的条件下增强身体的控制与协调能力，在本体感觉得到强化的基础上，有效提高核心部位的工作强度，进而为提高速度奠定基础。

②速度跑练习。

A. 后蹬跑。

练习方法：蹬地腿用力蹬伸，积极伸展髋、膝、踝三个关节，摆动腿屈膝前顶送髋，大小腿折叠，小腿放松并自然下垂，脚掌着地瞬间用力扒地，手臂积极摆动，躯干始终保持稍前倾。提膝时大小腿角度也应控制在90°左右，摆动腿同侧髋积极前送。练习3～4次，每次跑30米，次间间歇2分钟。

强化练习：

第一，手扶墙后蹬跑：躯干近端有支撑，有利于核心部位保持稳定，控制重心，避免过分起伏，同时还能有效地提高快速后蹬的频率。

第二，持哑铃后蹬跑：增强摆臂力量及躯干控制能力，进而增大腿前摆的幅度。

第三，踏标记后蹬跑：不同间隔的标记有利于调整幅度、增大幅度或提高频率。

B. 高抬腿跑。

练习方法：大腿积极向前上摆到水平或水平以上，踝关节放松，落地时大腿积极下压，上体正直或前倾，快速摆臂。练习时身体保持正直或稍前倾，肩带放松，摆臂时手的位置不要高于下颚。练习 3～4 组，每侧腿每组做 20 次，组间间歇 1 分钟。

强化练习：

第一，行进间踏上标志（可用绳梯或画好格子）：提高频率，增强灵敏性。

第二，倒退高抬腿跑：进一步强化发力部位的运动感觉。

第三，持哑铃高抬腿跑：增强核心部位的控制能力，提高用力效果。

第四，穿沙袋背心、腿部缠戴小沙袋：增大阻力负荷，增加练习后的痕迹效应。

第五，上楼梯、上坡高抬腿跑：利用重力势能增强练习效果。

第六，下坡高抬腿跑：利用重力势能加快频率。

③起跑与加速跑。

练习方法：双脚前后站立，距离一脚到一脚半，屈膝降重心，身体前倾，前腿异侧臂屈肘在前；听到"跑"的信号后，两脚用力蹬地，迅速向前冲出，重心前移快速起动，摆动腿的膝关节迅速有力地向前上方摆出，支撑腿在摆动腿积极前摆的配合下，快速有力地伸展髋、膝、踝三个关节，蹬离地面，使支撑腿与摆动腿协调配合，头部正直，上体稍向前倾，两臂前后摆动要轻快有力。练习时前几步不宜过大，以免造成重心起伏而影响蹬地的效果。另外，加速跑的前几步双脚着地并不完全在一条直线的两侧，而是相对较宽，以增加身体的稳定性，进而增强蹬地的效果。练习 3～4 次，每次跑 30 米，次间间歇 2 分钟。

强化练习：

第一，双脚并立起跑：体会身体重心的利用。

第二，反向起跑：背对跑进方向，提高快速反应及灵活应变能力。

第三，小步跑、高抬腿、后蹬跑接起跑：提高运动中加速和变速能力。

第四，上下坡起跑：利用重力势能提高频率或增强腿部力量。

④变速跑。

练习方法：加速时，上体前倾，前脚掌快速蹬地，同时迅速摆臂，加快频率，两臂积极摆动，频率要快。减速时，上体直起，步幅加大，用前脚掌着地，缓冲减速，减速要循序渐进。练习时强调动作幅度，充分利用身体重心调节起跑和急停的时机与角度。练习3~4次,每次跑40米,次间间歇2分钟。

强化练习:

第一,听信号、看颜色:提高对不同性质刺激物的应答能力。

第二,各种运动场地的限制线间跑动(如篮球场、排球场端线与中线间的往返跑等):体会不同距离间的起动、急停感觉,提高变速能力。

3. 耐力素质

(1)耐力素质概述。

耐力素质指的是人体在长时间工作或运动中克服运动疲劳的能力。这一耐力素质在一定程度上反映了人体健康水平或体质强弱,因此无论是作为普通人还是专业的运动员,都要重视自身的耐力素质训练。需要注意的是,人体各项体能素质并不是独立存在的,与其他体能素质之间存在着极为密切的联系。以耐力素质为例,耐力素质可以与力量、速度素质等相结合,形成力量耐力和速度耐力。这些素质都是运动员应具备的重要的体能素质。

(2)耐力素质的练习方法。

①有氧耐力训练。

A. 定时跑。选择合适的场地,学校操场或者公园中做固定时间的跑动练习,练习的时间为15~30分钟。

B. 定时定距跑。在学校操场或公路上做定时、定距离跑的练习。如15~20分钟时间内跑3 600~4 600米,具体要求依据学生的个人能力而定。

C. 重复跑。在操场或无人的公路上做重复跑,跑动距离、次数与强度依据个人实际情况和锻炼的目的而定。一般情况下,600米、800米、1 000米是合理的选择。

D. 法特莱克跑。选择合适的场地,在田野或公路上进行自由变速跑,时间大约维持在30分钟。

E. 越野跑。选择在公路、树林、草地等场地进行越野跑练习。练习的距离通常在4 000米以上,可以依据个人情况合理选择。

②无氧耐力训练。

A. 原地或行进间间歇车轮跑。原地或行进间做车轮跑练习。每组50~70次,6~8组,组间歇2~4分钟,强度一般为75%~80%。

B. 间歇后蹬跑。行进间做后蹬跑。每组 30～40 次或 60～80 米，重复 6～8 次，间歇 2～3 分钟。强度为 80%。

C. 高抬腿跑转加速跑。行进间高抬腿跑 20 米左右转加速跑 80 米。重复 5～8 次，间歇 2～4 分钟。强度为 80%～85%。

D. 原地间歇高抬腿跑。原地做快速高抬腿练习。发展非乳酸性无氧耐力，做每组 5 秒、10 秒、30 秒钟快速高抬腿练习，做 6～8 组，间歇 2～3 分钟。强度为 90%～95%。发展乳酸性无氧耐力，做 1 分钟练习，或 100～150 次为一组，6～8 组，每组间歇 2～4 分钟。强度为 80%。

E. 间歇接力跑。跑道上，四人成两组，相距 200 米站立，听口令起跑，每人跑 200 米交接棒。每人重复 8～10 次。

③混合耐力训练。

A. 反复跑。每组反复跑 150 米、250 米、500 米之间距离 4～5 次。每组练习之间休息约 20 分钟。学生在规定的时间内要完成整个练习，练习强度在 80% 以上。

B. 间歇快跑。以接近 100% 强度跑完 100 米后，接着慢跑 1 分钟，做间歇性练习。反复练习 10～30 组。学生可依据自身实际合理地调整训练负荷。

C. 短距离重复跑。采用 300～600 米距离，每次练习强度为 80%～90%，做反复跑练习。学生在参加训练的过程中，要注意速度的合理分配。

D. 力竭重复跑。依据个人实际确定合理的跑距，以 100% 强度全力完成整个距离跑。依据身体情况确定练习的次数，练习时进行充分的休息，避免发生过度疲劳。

4. 柔韧素质

（1）柔韧素质概述。

柔韧素质是指人体各个关节活动范围及肌肉、韧带的伸展能力，可以将其理解为一个或多个关节的活动范围。

通过进一步分析，可以从两个方面来更加深入地了解和认识柔韧素质：一方面是关节活动幅度的大小，一方面是关节的肌肉、肌腱、韧带等软组织的伸展性。其中，关节的活动幅度主要取决于关节本身的结构。关节的肌肉、肌腱、韧带等软组织的伸展性则主要通过合理的训练获得。

（2）柔韧素质的练习方法。

①穿越锥形物。

第一,将若干锥形圆圈(半径3~5米)竖立在地上,保持适宜间距。

第二,从一个锥形物出发向另一个锥形物跑进,每通过一个锥形物时完成一个专项运动技术,将专项技能与跑的练习结合起来。

②干扰练习。

第一,选择一个运动场地,场地大小规格依据练习者的运动水平而定,水平越高,场地越大。场地上摆放一排箱子。

第二,练习者分两排站在箱子两侧,面对面,其中一排是主要练习者,另一排负责干扰。

第三,负责干扰的队员向练习者扔沙包等物体,主要练习者面对正对面队员的干扰,要迅速移动闪躲,躲开干扰,闪躲过程中还要保持身体平衡,防止摔倒。

第四,一旦练习者被击中,就与干扰者互换角色。

③扔球。

第一,练习者站在球上保持平衡,同伴手持球,距离练习者4米左右,两人面对面。

第二,同伴松手扔球的瞬间,练习者以最大速度向球的方向冲刺,注意通过摆臂来提速,尽可能在球第一次落地反弹后将球接住。

第三,每成功接球一次,练习者与同伴的距离就增加1米,以不断提升练习难度。

④袋鼠跳。

将练习者分成人数相等的两队,两队间隔一定距离成纵队站在起点线后。游戏开始,每队第一人听教练员信号,迅速跳进麻袋,双手提着麻袋口,双脚跳跃,过折返线后钻出麻袋,提着麻袋跑回,交给第二人。第二人继续练习,依次类推,两组最后一人跑回起点线则结束游戏,先完成的队获胜。

⑤跳长绳。

将练习者分成两组,每组先选出两人摇绳,其他人陆续全部进入绳中连续跳绳,跳绳停摇为一局,每局进入跳绳人数多的一方或全部进入后跳绳次数多的一队获胜。

⑥一加一投篮比赛。

将练习者分成人数相等的两队,各成一路纵队分别站在两个半场的罚球线后,排头手持篮球,投中可再投一次;如第一次未投中不可再投。排头投篮后传给第二人,自己站到队伍最后,依次类推,直至全队完成投篮,累计投中次数多的一队获胜。

⑦空中接球。

把练习者分成人数相等的两队,各自选定起跑点,做好标志,各成一路纵队排在助跑道两边。练习开始,各队第一人自起跑标志加速助跑踏跳成腾空步,在空中接住来球,落地后再将球回传,其他队员依次进行。在空中接住球得1分,累计总分多的一队获胜。

5.灵敏素质

(1)灵敏素质概述。

灵敏素质是指人体所表现出的协调、快速、准确等方面的能力。灵敏素质主要是在力量、速度、耐力、柔韧等素质基础上建立和发展起来的。这一素质也是人体一项重要的素质。

灵敏素质得以发展,其他素质也会相应地发展和提高。一般情况下,影响人体灵敏素质发展的因素有很多,要具体问题具体分析。其中,性别、体型、疲劳程度、运动经验、其他素质水平等都会对人体灵敏素质的发展产生一定的影响。因此灵敏素质的训练也非常重要。

(2)灵敏素质的练习方法。

①双腿侧向单足跳。

在1码宽的标志区内,学生做以下训练。学生站在标志区左侧做好准备,等待教练员的开始口令。双腿蹬伸跳向标志区的另一侧,要确保跳过标志区。着地后快速跳回原来位置。连续快速练习5~10次。

②六边形跳。

在场地内标出六边形,边长可以根据实际合理的确定。学生站在六边形的中心,面对指定方向,双脚跳出六边形的每边。先后进行顺时针和逆时针跳跃,教练员在一旁做好计时工作。

③20码往返跑。

学生两腿成开立姿势,做好充分的准备,听口令跨过起始线。学生向右转身,快跑并用右手触摸5码远的一条线。学生转回左边,跑过10码距离并用左手触摸远处线。学生转回右边,跑过5码距离,穿过起始线完成练习。

第四章　体育运动对青少年体质与心理健康的促进与改善

④8字形跑。

在平整的场地上放置两个间距为5~10码的扁平锥桶。学生做好准备,两腿成开立姿势。学生听口令在两锥桶间做8字形跑,转弯时用手心碰触每一个锥桶。

⑤蛇形跳。

学生做好准备,两腿成开立姿势。进行一系列的直角转弯跳,并保持两脚一起。跳跃前进方向为正前方、右方、正前方、左方、正前方等。跳起时必须转髋。

二、体育运动促进青少年体质健康的策略

(一)树立现代健康观念与意识

对于青少年而言,一定要树立现代健康意识,将体育运动锻炼作为重要的内容,不能荒废。在具体的体育教学中,体育教师也要重视学生体育运动兴趣的培养,对学生进行必要的思想教育,引导学生积极主动地参加体育运动锻炼,久而久之,学生就能养成良好的体育锻炼习惯。

除此之外,体育教师还要对学生的生理健康状况及其对体育教育教学活动的兴趣有充分的了解和掌握,尝试开发与学生生理健康有关的课程,将学校体育教育资源及地方特色体育教育资源、体质健康方面的医疗卫生资源纳入校本课程体系中并充分利用起来,开展思想教育和引导活动,确保学生对体育教育教学活动的重要性有深入的了解,明确良好的身体素质对其未来职业发展的影响,促使学生积极主动地参与到体育教育教学活动中,在趣味性较强的课程中提高体育运动锻炼的综合效果,能有效地提升学生的生理健康水平。除此之外,青少年还要树立增进生理健康的责任,努力提升自身的综合素质,增强维护健康的自觉性与责任感。只有如此,青少年的身体健康发展才不会成为一句空谈。

(二)明确认识生理健康的知识和相关行为方式

第一,青少年要充分了解与掌握生理健康的相关知识及行为。健康知识是体育教育教学的基础性内容,是体育教育教学活动开展的重要理论基础和指导,还有卫生保健知识和急救常识,也属于生理健康知识的范畴,除此之外,当今社会面临的各种生命科学问题以及随之而来的生

物学伦理问题,也是需要学生了解的非常重要且必要的知识范畴。

第二,要充分了解那些不健康的行为与生活方式,对日常的生活或行为方式有正确的理解和判断。比如,吸烟、酗酒、饮食营养不均衡等都是坏的生活习惯和行为,是不利于生理健康的。这就需要他们通过生理健康方面的体育教育,来达到逐渐改变不健康行为和不良生活方式的目的。

(三)遵循因材施教原则,强化体育教育生理健康提高方面的指向性

体育教学一定要遵循因材施教的基本原则,青少年体质健康的促进也要遵循这一原则。体育教师要将提升学生的生理健康水平作为出发点,有针对性地开展体育教育教学活动,将增强体育教学与提高学生生理健康有机联系起来,确保将学生的身体素质提高作为核心对体育教学活动进行设计和规划,将体育教育教学的价值充分彰显出来,让青少年学生充分认识到体育教育的价值和意义。

为促进学生体质水平的提升,体育教学内容的选择十分重要,体育教师要保证所选择教学内容的丰富性和多样性,充分激发学生体育锻炼的积极性,使学生养成良好的身体锻炼习惯,同时,也要对学生的兴趣特点和身体素质水平进行充分考虑,在此基础上,制定出科学合理的体育教学指导方案,实现预期的体育教育效果。

(四)不断探索新的体育教育模式

一般来说,衡量和检验学生生理健康教育成果的标准和指标有很多,比如,所掌握的生理健康相关的卫生保健知识如何,养成了什么样的卫生习惯,形成的生活方式科学与否,是否已经有效改善了生理健康状况以及改善的程度是怎样的,等等。

除此之外,在青少年生理健康教育过程中,为了保证教育效果的理想化,还要不断充实教育内容,改进教学方法,总结和交流教育经验,积极探索,建立一个科学合理的促进青少年生理健康的教育模式。

(五)多元训练,有效增强学生的身体素质

学生对体育教育教学活动的兴趣,并不是自然产生的,而是借助于一些因素产生的积极影响而形成的,比如,多元训练教学方法就是其中

之一,由此,能够有效增强学生对体育教育教学活动的兴趣,使学生能快乐地参与到体育运动锻炼中,这对于学生终身体育意识的养成也是有利的。因此,在体育教育教学活动中,要求体育教师可以做出将室内、室外教学的多元训练有机地结合在一起,对学生实施有效的教学指导的尝试。除此之外,还可以尝试将民间体育游戏融入体育教育教学活动中,让学生在快乐的游戏活动中加强对自身体育运动技能的培养,从而增强体育教育教学活动效果,进而循序渐进地提高自身的生理健康水平。

在针对学生的多元化体育教育的实际训练过程中,体育教师一定要保证训练的目的性和计划性,训练的内容要涉及力量训练、速度训练和耐力训练等各个方面,从而为学生身体综合素质的逐渐提升创造良好的条件。

第三节 体育运动对青少年心理健康的改善

一、体育运动改善青少年心理健康的原则

(一)差异性原则

由于每一名青少年都是不同的,都有自己的个性和特点,因此心理素质的培育也要遵循青少年的这些个性特点和需求,严格遵循差异性的原则对其进行培养,这样才能有效提升青少年的心理健康水平。具体而言,就是在平时的教学活动中,要以学生心理发展特点和规律为依据制定心理健康教育方案,实施有差别化的教育。

(二)主体性原则

主体性原则也就是以人为本原则,这一原则要求体育教师在教学过程中要善于激发学生学习的积极性,提高学生学习的兴趣,加强师生彼此间的沟通与交流,满足学生的各种心理需求,培养和提高学生的心理健康意识,这样才有利于实现心理健康教育的目标。

（三）系统性原则

青少年的心理健康教育不是可有可无的,也不是一件简单的事情,它是一项大的系统工程,在学校教育中扮演着十分重要的角色。要想实现青少年心理健康教育的目标,教师和学生要密切配合,更新教育观念,优化心理健康教育的环境,建立一个健全合理的育人体制。总之,在心理健康教育的过程中要严格遵循系统性的基本原则,促进学生心理健康水平的提高。

（四）目标性原则

心理健康教育是学校教育的一项重要内容,加强青少年的心理健康教育是尤为必要的。只有具备健全心理的青少年才能获得健康全面的发展。一般来说,青少年的心理健康教育主要包括人生观与价值观教育、人格培养、意志力培养等多方面的内容。在具体的教学过程中,要以这些内容为基本目标。

二、体育运动改善青少年心理健康的方法

（一）集中注意训练

学生在体育运动中注意力必须要高度集中,这样才能更好地应对比赛场上的一切。因此,加强学生的集中注意力训练具有非常重要的意义。

学生集中注意力的训练可以采用以下几种手段。

（1）集中注意形象训练方法,在平时的训练和比赛中在脑中回忆动作形象,帮助自身注意力的提高。

（2）注意自身动作训练方法,在训练和比赛中运用肌肉动作来提高自己的注意力。

（3）内向的集中注意训练方法,学生利用某种生理因素为注意对象来提高自己的注意力。

（二）自我暗示训练

自我暗示训练也是促进学生心理水平提高的重要手段。自我暗示训练主要是利用言语等刺激物对学生的心理施加影响,从而控制其心理的一个手段。通过自我暗示,学生能很好地提高技术动作的稳定性和成功率,这就是心理素质培养的重要性。

（三）意志训练

意志训练也是提升学生心理品质的重要手段,通过意志训练,学生能克服种种困难,树立一个良好的心理状态,从而朝着既定的目标努力。各种体育比赛中充满着激烈的竞争,比赛中会出现各种意外情况,要想取得理想的比赛成绩,学生就必须要具备良好的意志力,这样才能战胜困难,获得胜利。

（四）模拟训练

模拟训练指的是根据比赛环境条件及对手特点和实际而做出的一种训练安排。模拟训练可以说属于一种适应性训练,能在短时间内能帮助学生迅速地适应比赛环境,进入比赛状态,提升比赛水平。除此之外,通过模拟训练,学生还能在训练中宣泄自己的不良情绪,完善心理品质,提高心理水平。

一般来说,常用的模拟训练方法有很多,其中提高身体负荷水平和超量模拟训练;模拟对手心理负荷的训练;克服各种障碍的模拟训练等最为常用。

三、体育运动改善青少年心理健康的策略

大量的事实表明,通过体育教育,学生参加各种各样的体育锻炼,能很好地提升自己的心理水平,促进心理品质的完善。为进一步促进青少年心理健康水平,可以采取以下策略。

（一）体育教育与心理健康教育相结合

学生的心理健康教育,主要是以心理学理论为指导,为学生提供良

好的心理辅导，这主要是针对有比较严重的心理疾病的青少年。而对于那些只有轻微心理健康状况的青少年而言，最好是首先进行体育教育，这一种教育方式也能取得良好的效果。在平时的体育教育中，体育教师要采取各种手段与措施努力激发学生的潜力，开发学生的潜能，促进其心理水平的完善与提高。

身心健康是一体的，不能分割，但是有很多青少年往往只重视自身的身体健康，而忽略了心理健康，这一种情况是不容乐观的。为改进青少年对于心理健康的片面认识，在平时的体育教学中，还需要通过课堂教学、讲座、宣传栏等方式，普及大量的心理健康方面的知识，让青少年深刻认识到心理健康的意义，从而寻求各种策略与手段促进心理素质的发展和提高。

（二）建立体育教育与学生心理健康发展联合培育模式

为进一步促进学生心理素质的发展，还可以建立一个体育教育与学生心理健康发展的联合培育模式，这一模式在很多学校中都得到了一定的利用，也取得了不错的效果。建立此模式，需要注意以下几点。

1. 做好学校体育教育管理工作

在学校体育工作中，一定要加强学校体育教育的管理，加强体育教育部门与其他部门之间的沟通与交流，打破这些部门之间互不干涉、互不联系的局面，从而为促进学生心理健康发展创造良好的环境和条件。除此之外，还要加强学校体育教育工作人员与管理者之间的沟通，积极寻求和创建一个心理健康发展的新模式，提升青少年参与体育运动锻炼的积极性。

2. 充分利用好体育教育的时间

在学校体育教育中，教学的学时是有限的，因此一定要充分利用好这有限的学时时间，充分发挥体育教育的最大优势。学校可以说是青少年心理健康教育的重要阵地，学校在开展体育教育活动的过程中，首先要了解学生的基本心理情况，帮助学生学习与掌握必要的心理健康知识，在遇到一些心理问题时要积极寻求解决的方法和策略。

(三)将青少年的心理咨询工作作为一项重点内容

在当今社会背景下,有很多学生都存在着一定的心理健康问题,当这些青少年学生出现一定的心理健康问题时需要咨询专业人员答疑解惑,由此可见青少年的心理咨询工作也是一项非常重要的内容。通过心理咨询,困扰青少年学生的一些心理问题都能得到很好的解答,从而有效消除学生的一些心理障碍,促进青少年学生心理品质的完善与发展。

另外,有条件的学校,还可以建立专门的心理咨询室,为学生提供各种心理咨询和帮助,但需要注意的是,这与社会上专门的心理门诊有一定的区别。同时,学校也可以设立心理咨询热线,为学生提供全方位的心理咨询服务。

(四)建立一个科学合理的联动平台

伴随着体育教育的不断发展,其与心理健康教育的结合已成为当今一个大的趋势。体育教育与心理健康教育的结合已成为当今一个重要的研究课题。加强二者之间的沟通与交流,建立一个科学合理、持久运行的联动平台就成为大势所趋。

体育教育与心理健康教育联动平台的建立,能为青少年"终身体育"意识的培养和提高,完善学生的心理品质提供良好的保障。在这一联动平台的帮助下,青少年的心理健康水平能得到了很好的发展。

第五章　促进青少年体质健康运动处方的制定与应用

青少年正处于生长发育极其旺盛的阶段，身体一切指标都仍在动态变化过程之中。青少年的身体器官、系统与成年人相比，无论在解剖结构还是生理功能上，都有许多不同之处。因此，必须有针对性地根据其发育状态和特点，科学有效地制定健康运动处方，才能达到良好的效果。既做到促进身体发育、增强体质、提高身体功能水平，同时又开发了运动潜能，发展运动天赋。本章重点研究青少年运动处方的制定及应用。

第一节　运动处方的基本理论

一、运动处方的理论

顾名思义，处方就是医生针对病人的身体情况开具的诊断意见和药方。不同的病人、不同的病症、不同的病程当然会使用不同的处方。同样的道理，青少年运动处方，自然要根据青少年所处的年龄阶段，根据自身健康水平，用于健身、预防、治疗等目的，有针对性地设计运动处方，以期达到最佳效果。

1969年，运动处方（Prescribed Exercise）这一概念才被世界卫生组织（WTO）正式采用。在此之前，运动处方的概念是在20世纪50年代，由一位名叫卡波维奇的美国生物学家率先提出的。1953年，黑廷格和拉缪发表了关于不同运动强度、持续时间和频率对人体产生不同影响的论文，对现代运动处方的兴起起了积极的推动作用。

就青少年而言，他们在生活中参加健康运动或者康复治疗的时候，运动处方是必不可少的。简单来说,就是在身体医学检测的基础上,根据青少年自身发展需要,以科学健身为原则,制定出科学的、可量化的指导方案,以处方的方式,指导青少年能合理选择适合自己的运动项目,并科学调整自己的运动负荷、运动时间和运动强度等。

(一)运动处方概念的具体解释

目前,就运动处方的概念虽然表述不一,但是结合实际生活的运用,其基本内涵可以概括为以下几点。

(1)对于准备参加体育运动的人群,首先要有意识地了解自身的身体健康状况,包括相应的医学检测和运动测试。特别是心血管情况、心肺功能以及运动系统的功能状况等。除此之外,应根据身高、体重、年龄、性别、兴趣爱好等主客观的因素,来安排适当的运动内容和运动量,并注意锻炼过程中的注意事项。

(2)对于以健身为目的的群体来说,首先需要确认自己的身体素质是在健康水平范畴之内,然后可以结合个人身高、体重等身体特点以及兴趣爱好,以处方的形式制定运动的形式、频率、强度、时间、进度,从而达到有效的运动效果。

(3)对于以康复为目标的群体,那么要以自己的体检报告为依据,其中特别重要是心肺功能的指标情况,再结合自身的康复目标"对症下药",制定切实可行的运动处方,帮助病患早日获得康复,重新回归健康生活。

(4)对于专门从事体育训练的群体,根据医学开具的检查报告,比如运动试验和体力测验,按其健康程度、体力恢复状况以及心血管功能状况,以运动处方来量化运动种类、强度、时间及频率,如果是强度较高的项目,应特别要强调运动中的注意事项。

综上所述,运动处方就是体育教练、康复治疗师、健身教练、私人教健、健康管理师等,根据健身者或者患者的年龄、性别、运动试验、身体素质测试、一般医学检查、康复医学检查等结果,按其自身状况和身体素质以及心血管、运动器官的功能状况,结合主、客观条件,以运动处方的方式合理量化、制定相适宜的运动项目,以及有针对性的调控其运动内容、强度、时间及频率。同时需要强调的是,运动中的注意事项也是不容忽视的,上医治未病,特别是青少年人群,他们的身体还未完全发育成熟,但自身的保护意识还不够成熟,自制力还不够强大,容易受心智水平的影响,出现情绪化甚至极端化的反应,因此在制定青少年运动处方时,应该特别关注这点。

(二)运动处方的特点

1. 明确的目标

首先,和任何处方一样,运动处方需要具有明确而准确的目标。一般分为远期目标和近期目标。在制定运动处方之初,最先考虑的就是想达到什么样的目的。因此,须根据其远期目标或者近期目标而进行。

其次,运动处方的目标需要随着身体的变化而进行调整,不可僵化处理,一切应为其目标服务。

2. 可执行的计划

运动处方的第二个特点是因其可量化而方便操作。在实际实施过程中,运动处方需要循序渐进,遵守具体规定的时长、频率、周期等,因此在执行中动作要求清晰明确,容易坚持。

3. 简明扼要

运动处方与医学处方的不同之处在于,它无论从表述方式还是具体措辞上都非常简单易懂、方便理解。没有过多的神秘性,因此被受众接受起来更容易,不会有任何心理负担或理解困难。因此,对青少年来说在实施方面是非常理想的方法。

4. 具有多维度功能

在理解运动处方的时候,千万不要单一地理解为运动处方就是训练方法或者康复方法。其实,运动处方不仅仅具有健康维度的追求,同时也兼具美感的追求。运动处方不仅可以增肌和减脂,还可以美体和塑形。不仅有康复和治疗的功能,还可以锻炼意志,磨炼心智。因此,运动处方在制定和实施过程中,会综合考量多方面的因素。

5. 科学有效

运动处方的制定是严格依据教育学、心理学、训练学、康复体育学、临床医学等综合学科的理论研究,具有较强的科学性。无论对于想要健体强身的健康人,还是想借助体育运动达到康复和治疗目标的患者,运动处方都是非常有力的手段。比如运动强度、时间和频率,都是经过多学科经年的研究成果验证的。

6. 因人而异

运动处方在制定过程中,除了遵循基本的原则和科学理论之外,还要灵活地运用。比如,在制定青少年运动处方时,应格外注意青少年的特殊性,他们正处于身体发育的高峰期,但是每个人的成长速度又不尽相同。有人发育早些,有人发育晚些,同样的年龄段,可能在身高、体重等身体指标上存在着非常大的差异。因此在制定运动处方时要酌情调整,合理安排。

7. 安全可靠

安全是再怎么强调都不会过分的要素,所以,无论是针对健身运动、康复运动还是治疗运动,运动处方都以安全为最高原则。在保证安全可靠的前提下,通过相应的方法来提高身体素质或者治疗某些病症。

二、运动处方的意义

久坐不动、营养过剩为现代人带来了普遍的健康问题。除极少数落后国家以外,由不良生活方式所引起的各种现代疾病,已经开始在全球蔓延开来。比如冠心病、高血压、高血脂、肥胖、糖尿病等正逐渐成为现代人的梦魇。对此,恰当的运动则是最好的良药。合理的运动不仅能调节身心健康,增强整体身体素质,还能有效预防和减缓心血管疾病、肥胖症、恶性肿瘤等疾病,从而达到延长寿命、提高生活质量的目的。可以说,运动是最安全的现代生活良药。有证据表明,如果每周能进行 2~3 次中等强度的运动,便可减少心脏病的发病率。

从宏观上来看,运动处方的目的和意义,就在于从整体上提高人类生命质量和生命长度。因此,科学、安全的运动处方已经受到全世界广泛地关注与研究。我国的相关领域也就运动处方在全国普遍存在的问题以及发展对策方面进行了大量的研究。

第二节　促进青少年体质健康运动处方的内容

一、制定运动处方的准备工作

无论是寻求增强体质的健康青少年,还是需要借助运动康复治疗的青少年患者,在设计运动处方之前,首先要对个人的健康水平和各项运动能力做出客观、充分的测量和评估。要想达到理想的运动效果,设计出适合身体情况的运动处方,必须认真对待制定前的准备工作。

(一)身体检查

身体检查的重点是心血管系统、呼吸系统、内分泌系统、血液系统,以及运动器官,同时还要考虑家族病史或者过往慢性病史。

(二)心血管系统的机能评定

其中尤其重要的一个环节是对心血管系统的机能评定,不仅因为心血管机能在某种程度上反映其他系统的机能水平,而且它也是人体在运动时的最大受益者和最大受害者。最突出的例子是,如果运动强度过大,那么很可能会引起运动型心源性猝死。

(三)运动负荷测试

运动负荷测试,也就是心肺功能测试,是指在运动状态下对受试者的心肺功能进行综合评估。运动负荷测试是制定个性化运动处方的重要依据。它不仅能够客观地评估个人的健康水平和运动能力,而且对所能承受的运动强度有明确的指示,需要使用逐级递增运动负荷的方式进行测试。在每一强度负荷达到稳定之后,测定受试者的心率、动脉血压和描记心电图。一般认为,胸导联能够充分反映运动过程中心肌细胞的供血状况,使心电图诊断的阳性率提高,降低假阴性。需要注意的是,足踝部的导联线连接常影响跑台运动和功率自行车运动,因此过度肥胖体型 I 导联图形不清楚,波形的幅度过小会使诊断失去意义。

同时,还要注意运动负荷试验的禁忌,包括绝对禁忌和相对禁忌。常见的比如急性心肌梗死、不稳定性心绞痛、心力衰竭急性发作、严重心律失常、急性心包炎或心肌炎、冠状动脉主干狭窄、中度心脏瓣膜狭窄、明显的心动过缓或心动过速、肥厚性心肌病流出道梗阻、电解质紊乱、高度房室传导阻滞等。

二、运动处方的内容

（一）运动强度

运动强度不仅与运动安全密切相关,而且也是决定运动效果的最重要因素。但是,运动安全和运动效果又往往是相互矛盾的。在安全范围内,运动的强度越大效果则越好。但是,运动强度大小是一个相对概念,因人而异,因此,选择和确定适合自身身体素质和运动目标的运动强度尤为关键。

特别是青少年人群,他们的自制力还不够成熟,如果在运动中,由于各种原因进行了超出自身身体允许的安全强度,很可能造成对身体的伤害。因此,设计青少年的运动处方时,运动强度需要特别注意。

1. 运动强度的关键指标

最常用的生理学指标有心率、最大心率百分比、心率储备百分比等。

2. 运动强度不宜随意更改

运动强度一旦确定,就不要随意更改。尤其对于心血管机能不全或者存在某些运动限制的患者,应当采取稳定的、循序渐进的策略来制定运动处方。

表 5-1 运动时间与运动强度(最大吸氧量%)的配合[①]

运动时间		5 分钟	10 分钟	15 分钟	30 分钟	60 分钟
运动强度	小强度	70%	65%	60%	50%	40%
	中等强度	80%	75%	70%	60%	50%
	大强度	90%	85%	80%	70%	60%

---

① 刘纪清,李国兰.实用运动处方[M].哈尔滨:黑龙江科学技术出版社,1993.

（二）运动持续时间

1. 持续时间需适宜

简单地说，运动需要持续一定的时间才能产生良好的效果。可以说，除了运动强度之外，运动持续时间是另一个决定运动效果的关键因素。也就是说，要想达到理想的运动效果，比如想在机体形态、结构、生物化学和机能水平等多方面综合发生改变和提高，那么一定要结合运动强度和运动持续时间两方面因素。

一般来说，每天进行一个小时左右的中等强度的健身运动，是符合运动生理学理论的。

同时，并不是说运动持续时间越长效果就越好，在运动中应避免出现过度疲惫的现象，避免机体各个系统和器官受到损伤。

2. 一天一次为最佳

两次持续 30 分钟的健身运动不如一次 60 分钟的效果更好。因此，如果能满足一天一次持续较长时间、维持中等强度以上的运动，那么运动效果是最好的。但是，对于身体发育程度跨度较大的青少年来说，可以根据自身情况调节自己的运动持续时间。并且，青少年时期也是学业和功课最繁忙的时期，那么更需要设计一套切实可行的运动处方，以保证有一个健康强壮的身体来为学业发展保驾护航。

（三）运动密度

如果不能满足每天一定强度的运动，那么尽量保证维持一个相对稳定的频率，才能达到较好的运动效果。切忌长期不运动，短期猛运动！这样做的主要问题在于，它打破了生理和机体的平衡，甚至造成机体损伤，因此应该尽力避免。

三、青少年运动处方需要特别注意的要素

（一）运动项目

考虑到青少年时期人体的生理特征和心理特征，在尊重身体全面发展的前提下，因势利导，因材施教，根据不同年龄阶段的发育进程来选

择相适宜的运动项目。比如,12岁之后,可适量增加力量和耐力练习;15~17岁,是加强长距离运动的合适时机。

另外,在设计青少年运动处方时,应根据青少年的年龄特点和性格特征来安排,或许会达到事半功倍的效果。比如增加运动的趣味性与合作性可以更容易被青少年接受和喜欢。在运动健身的同时,也培养了团队协作能力。对于刚刚进入青春期的青少年而言,来自同龄人的肯定与认可尤为重要,有时候甚至比来自长辈和老师的肯定还要重要得多。如果青少年能在健身运动的时候,感受到来自同伴的良性影响,那么会极大地提升青少年的运动积极性,也会促进他们有更高的热情去健身运动。

(二)运动量

青少年身体发育有快有慢,有早有晚,因此应该注意选择和自身身体素质相适宜的运动量,并且按照循序渐进、由低至高的顺序进行。如果是力量练习,那么运动强度应以"多次少量"的原则为佳,例如每组只做3~5个,但可以做10组。如果是有氧运动,那么心率应控制在130~150次/分钟。而且,无论有氧运动还是无氧运动,每次运动时间控制在30~50分钟。

(三)运动频率

青少年的肌肉特点是容易疲劳,但是恢复快。因此,和成年人相比,在安排运动时可以适度增加频率,减少运动强度。与此同时,如果运动次数过少、最大摄氧量的指标不见明显提高的话,那么虽然在运动,但是效果将不会明显,很难达到提高身体机能的目标。因此,运动频率一定要科学、合理地安排。

(四)注意事项

(1)运动前必须做好充分的准备活动,防止肌肉拉伤和关节扭伤等意外发生。

(2)餐前饭后避免运动。最少有一个小时的间隔再安排健身运动。另外,在参加剧烈的运动之后,至少间隔半小时再进食,运动程度越是剧烈,间隔时间越应该延长。青少年好动,代谢也快,在运动后往往饥饿难耐,那么在运动前可以补充少量的流食。

(3)加强营养补给。青少年身体发育快,对营养需求较高。那么在运动之后,充足优质的营养补充必不可少。同时也要注意保证充足的睡眠。

(4)留意观察青少年运动后的身体反应和自身感受,如果有不适感应立即暂停。

(5)选择合适的运动服装。优质的健身服装和运动鞋不仅可以保护肌肉筋腱等机体组织,还具有良好的散热排汗功能,能维持运动过程身体的舒适度,这样对坚持运动也能起到促进作用。另外,参加高强度的跑跳运动时,一定选择具有减震、防滑功能的运动鞋。

(6)有青春期高血压的青少年,应严格控制运动量和运动强度,最好同时加强医务监督。

(7)运动结束前后的整理活动并不是可有可无的。运动过程中骨骼肌的血液供应量比较丰富,如果突然停止,肌肉的"唧筒作用"突然消失,那么下肢骨骼肌中的血液难以顺利回流到心脏,有可能会出现头晕眼花的现象。严重时还会出现昏厥现象。

(8)青少年还应注意避免过多的屏气、高强度运动,以免增加心脏负担,损坏健康。

(9)健身运动过程中注意水分的补充。运动过程中人体会大量排汗,同时矿物质也会不同程度地流失,因此在补充水分时还应注意补充含少量钠离子、钾离子的运动型饮料。同时,不要一次大量饮用,而应选择少量多次的方式补充水分。

(10)冬天在健身运动时应注意防寒保暖。如果是运动强度较小的项目,肢体末端的保暖工作一定要做好,比如手套、耳套;如果是运动强度较大的运动项目,由于身体汗腺排汗量增加,难免有打湿衣服的情况,所以在运动时一定要注意减少衣服,运动后再及时增加衣服,避免着凉感冒。

(11)注意运动的环境卫生情况。很多人可能会忽略运动的环境问题。其实,人体在运动时,心肺活跃,代谢增强,那么这个时候受到环境的影响会更大。比如空气质量、游泳池的水质、健身房是否因通风或打理不及时有滋生细菌的情况等。

(五)运动处方的调整

经过一段时间之后,可到相关部门或者资深健身教练那里进行效果评估。因为在一段时间的运动训练之后,人的机体情况、运动能力都会得到相应的提高。如果仍然按照之前的运动处方进行健身运动,那么效果可能就不再有明显提高。因此,根据现有的身体情况和运动能力,应及时进行修改和调整。比如,一段时间过后,发现现在的运动强度已经不能满足自己的运动目标了,那么就需要再提高一些运动强度。

运动处方的调整周期因人而异、因年龄而异。

第三节 促进青少年体质健康运动处方的分类与实施

一、运动处方的分类

随着运动处方研究的不断发展和深入,已经逐渐发展出更多的科学分类方法。虽然目前还没有完全统一的标准,但是综合国内外的分类方法,可以分为按运动目的分类、按构成体质的要素分类,以及按实施运动处方的环境分类这三种。

(一)按照运动目的分类

1.体育教学类的运动处方

在青少年群体中,以运动教学处方的应用最为广泛。一般来讲,在体育课的教学过程中,制定运动处方的依据首先是学生的生理特点和心理状态,以及学校在场地、器材和地理环境方面的综合考虑。比如位于高海拔地区的学校与平原地区的学校相比,在安排运动类型和运动强度时会有很大的区别。此外,即便是相同环境、相同年龄的教学班,也要根据全体学生测试的结果(包括形态、机能、身体素质、健康状况等方面的内容)进行分析,针对不同情况设计不同的运动处方,才能达到因地制宜、科学教学的目的。

另外,需要强调的是,针对青少年的运动处方,还要考虑通过合理的设计能够激发学生群体的运动主动性和积极性。要优先考虑运动的活泼性和趣味性,从而使青少年在运动中得到身心愉悦。

2. 竞技训练类运动处方

对于有运动特长或运动天赋的青少年,需根据自身情况和发展需要,设计相应的提高运动技能水平的运动处方。比如按照专项培养方向制定的力量性运动处方、耐力性运动处方、速度性运动处方、灵敏协调性运动处方等。也有以时间为依据的大周期训练处方、训练周处方、训练课处方。

3. 健身类运动处方

对于绝大部分青少年来讲,他们对运动的主要诉求是在学业之余根据自身兴趣爱好进行一定的体育锻炼,从而达到强身健体的目的,同时丰富日常生活和陶冶情操。

特别是在中国高速发展的大背景下,不仅是成年人,我国的青少年群体同样面临着新时代发展要求下的全新挑战。为了应对未来愈发激烈的竞争,青少年的学习并不轻松。在这样的情况下,制定出相应的符合青少年日常生活学习的运动处方显得尤为重要。既能保证他们在紧张的学习中进行有效的体育锻炼,又能调节压力,进行有效的放松和愉悦。

4. 康复类运动处方

对于某些身患慢性疾病或者身体残疾的青少年,则需要根据青少年的身体发育特点以及病患问题,制定针对性较强的运动处方。比如针对身体器官、各个系统的运动处方。

(1)改善心血管系统的运动处方。

以改善或加强心血管系统功能为主,用于患有心血管疾病的青少年群体,比如青少年高血压等,此类运动处方以预防或康复为主要目标。

(2)呼吸系统运动处方。

以改善和提高呼吸系统功能为主要目的的运动处方,可以有效辅助治疗和康复各种呼吸系统的疾病,比如哮喘、肺结核、气管炎等。

(3)神经系统的运动处方。

青少年群体正处于青春期阶段,其生理和心理的发育都对自身提出了极大的挑战。再加上来自学业的压力,一部分青少年或多或少的有睡

第五章 促进青少年体质健康运动处方的制定与应用

眠问题,以及由于情绪压力引起的神经衰弱问题。于是,制定一套改善和提高神经系统功能的运动处方是非常必要的。

(4)消化系统运动处方。

改善和提高消化系统功能的运动处方是指针对具有消化不良问题的青少年人群的运动处方,可以帮助预防、治疗和康复一些消化系统的疾病。

(5)运动系统的运动处方。

以改善和提高运动系统功能的运动处方,比如治疗肩周炎的运动处方、治疗颈椎病的运动处方等。

(二)按照构成体质的要素分类

1.增强身体机能的运动处方

身体机能又称为生理功能,是人体及其系统、器官所表现出来的生命活动现象。制定相应的运动处方,比如增强心血管功能运动处方、增强肺功能运动处方、改善消化功能运动处方等,都可以起到增强身体器官功能、提高健康水平的目的。

2.改善身体形态的运动处方

对于青少年而言,通过制定相应的运动处方来改善或提高其身高、体重、腰围、臀围等指标非常有帮助。如增加身高运动处方、控制体重运动处方、改善胸围运动处方、腿部健美处方等。通过制定相应的运动处方,改善和调节身体机能、形态,进而增强体质状况和健康水平,都有良好效果。

3.增强身体素质的运动处方

青少年群体身体发育变化快,这个时候若能通过制定相应的运动处方,帮助他们增强身体素质、健美体形,都会达到比较理想的效果。比如针对力量、速度、耐力、灵敏性及柔韧性等机能能力而设计的运动处方。如增强力量素质的运动处方、增强速度素质的运动处方、增强耐力素质的运动处方、增强灵敏性素质的运动处方等。

4.调节心理状态的运动处方

健康的心理水平可以极大地影响着生活质量,因此保持和维护健康的心理状态,对人际关系互动、学习工作的顺利进行都有着重要意义。然而,运动处方对心理健康发展也具有相应的作用。比如,增进健康情感的运动处方、培养意志品质的运动处方等。

5. 提高适应能力的运动处方

当周围环境发生较大变化时,人体会采取一系列的主动性或被动性调整,以保护自身适应周遭环境。在这个过程中,可以利用运动处方来提高和锻炼人体对内外环境变化的适应能力,增强对疾病的免疫,对抗应对紧张和刺激的应激能力。

(三)按实施运动处方的环境分类

1. 学校健身运动处方

学校健身运动处方按场地主要分为室内和户外两种场景。一种是根据室内空间大小以及安装的设施设备的种类与数量而设计的运动处方,以备课间学生活动或者体育教学的使用;另一种是根据学校户外场地规划情况而设计的运动处方。

2. 健身房健身运动处方

在健身房进行体育运动时,根据健身房的条件制定相应的运动处方,可分为徒手运动、器械运动以及各种操课的运动项目。

3. 家庭健身运动处方

家庭健身处方是根据各自家庭环境的条件,制定适合家庭人员身体和年龄状况的一些运动处方。可以是家庭多成员共同参加的多人运动,也可以是单人运动。家庭健身处方可以使人在居家时进行健身活动,既可以增强体质、改善形体,又可以增加家庭成员间的合作互动、增进彼此的感情,还可以减少外出运动时需要花费的时间成本,可谓一举多得。

二、青少年运动处方的实施

(一)活动内容

运动处方的主要活动内容可分为周期性运动和非周期性运动。其中,周期性运动在制定运动处方时,已经根据过往的运动数据以及对应查表确定了适宜的项目,比如走路、跑步、蹬车等。非周期运动应根据测试的运动能力选择恰当的项目。锻炼过程中需要用靶心率(THR)加以控制,根据运动中的心率及时调整运动强度。

(二)运动强度

具体实施运动处方时,控制运动强度的主要指标是心率和主观感受。另外,在开始锻炼时要逐渐提高靶心率(THR),当运动速度、功率等保持,但运动中心率达不到靶心率(THR)时,代表心脏的功能已经比先前有所提高,这时候就可以提高运动强度以提高功能能力。

另外需要注意的是,当心率与主观感受相矛盾时,应以主观感受为主,因为主观感受往往先于心率的变化。

(三)持续时间

运动处方的持续时间包括准备活动、实际运动和整理活动三部分。需要注意的是,每次运动要保证心率在靶心率(THR)的持续时间至少在20分钟以上。

(四)运动频率

运动频率根据个人的身体情况和时间允许而定。但一般建议每周3次,或隔天锻炼一次。

(五)运动处方效果的评价

经过一个阶段的运动处方的锻炼后,可选择一些指标来测试运动效果。

1. 指标的选择

每个指标都有它的侧重性,因此要根据自身的锻炼目标选择适合的评价指标。

2. 指标的客观性

评价指标应考虑来自天气、场地、季节以及自身健康情况等因素的影响,从而客观、真实地评估一段时间的锻炼成果。

3. 评价指标筛选

评价指标没有优劣之分，选择最方便可执行的为最佳，因为只有便于锻炼者去测试与计算的时候，才真正可以长期发挥作用。

第四节　促进青少年体质健康运动处方案例分析

一、青少年增加耐力的运动处方

（1）锻炼目的：增强心泵功能，提高有氧耐力。

（2）锻炼内容及方法。

①耐久跑：变速跑1 000米（200米慢跑+200米快跑反复交替），或定时跑6～8分钟。

②专门性练习：哑铃摆臂，每组0.5～1分钟，练习3组；沙坑两脚交换跳，每组1分钟，练习3组。

③柔韧性练习：牵引四肢和躯干，如压腿、立位体前屈等。

（3）运动负荷。

①运动强度：心率控制在130～150次/分。

②运动持续时间：30～50分钟，其中心率达到上述标准应保持10分钟。

③运动频率：每周6次，如有体育课，可减掉相应次数。

（4）注意事项。

①不可以断断续续，要循序渐进地进行。

②如果身体出现异常感受，比如运动时出现胸闷、头晕等现象，应立即暂停。

二、促进青少年身高增长的运动处方

（1）早晨慢跑8～10分钟，做柔韧性和放松练习20～25分钟，劈腿、弯腰、摇动和抖动身体等动作。

（2）在单杠上悬垂2～3次（每次20～30秒）。可先做无负荷悬垂，再做有负荷悬垂；做正向手握悬垂，也可以做倒挂悬垂（双脚用绷带

固定）。

（3）跳起摸高。双脚跳起、单脚跳起轮流做,各5~8次。

（4）登20~30米高的坡道或爬楼梯,上行时放松,下行时加速,每天2~4次。

（5）牵拉身体(需请两人协助完成)。仰卧,一人握住双手,另一人抓住双脚,同时向相反的方向轻轻牵拉身体,每天2~3次,每次20秒。

（6）跳跃,由少到多,每天跳跃200次以上。

（7）多打篮球和排球。

（8）多游泳。

三、青少年健美的运动处方

人体的肩部、臂部、胸部、背部、腰腹部、臀部、腿部等肌群被称为"美肌"。如果能够运动得当,并且保证次数、组数、负荷量逐步增加,这些"美肌"就会得到良好的锻炼,人体就显得挺拔而健美。

需要指出的是,健美的运动处方不是一成不变的,要根据锻炼后身体的变化不断地进行调整和变换。刚开始时,青少年可针对自己的薄弱部位选择对应的练习方法,从局部到整体。当局部肌肉有明显效果之后,再练习组合动作。同时,练习方法不宜轻易改变,以一定的动作、次数、组数稳定两周以上,再进行调整。对于颈、背、胸、腿、腹等部位的肌肉,一周应至少锻炼两次。

（一）颈部健美

1. 仰卧颈屈伸

练习方法：仰卧在床上,头部置于床端外,颈部肌肉放松,头部自然后仰下垂,头向前上方运动至下颌触胸,停留片刻,再慢慢还原。抬头时,背部紧贴床面；还原时,头部尽量做到缓慢地下降,切勿突然松颈。每周2~3次,每次3~5组,每组重复10~15次。

2. 耸肩运动

练习方法：直立,两臂直握哑铃(或重物),然后两肩尽可能往上提起,两肩提至不能再高时,还原重做。每周3~5次,每次3组,每组12~16次。

（二）肩部健美

肩部的健美是通过发展三角肌和斜方肌的力量得以实现。

1. 举哑铃

练习方法：站立，两脚与肩同宽，双手持哑铃垂直向上举或侧平举，每周 3～5 次，每次 5 组，每组 15～20 次。随着练习时间的延长，应不断增加练习次数才能达到良好效果。

2. 哑铃绕环

练习方法：身体直立，双手持哑铃，做直臂大回环动作，双手由前向后做 15 次，再由后向前做 15 次。右手由前向后，左手由后向前同时绕 15 次，随着臂力的增加需要逐步增加绕环的次数。每周做 3 次，每次做 5 组。

（三）胸部健美

主要通过发展胸大肌、三角肌前部、肱三头肌的力量得以实现。

1. 仰卧推举

练习方法：仰卧在专用握举凳（或者长凳）上，两脚平踏地面，两手紧握杠铃，两臂伸直将杠铃举到胸部上面，然后屈臂，平稳而有控制地使杠铃下降，让杠铃下落触到胸部后再用力上推杠铃，反复练习。每周练习 2 次以上，每次 3～5 组，每组 8～12 次。

2. 仰卧飞鸟

练习方法：两手握哑铃置于胸前，然后仰卧在凳上，两臂伸直与身体垂直。两腿分开，脚踏地面，随机两臂缓缓向侧下分开直至肘部低于体侧，这时胸部要高高挺起，腰部离凳，仅肩背部和臀部着凳，然后胸大肌用力收缩，将微屈而分开的两臂内收，至胸上伸直，稍微休息片刻，再将哑铃经原路举至仰卧直臂持哑铃的准备姿势。向下侧分两臂时，肘部要微屈并低于体侧，这样能有效刺激胸大肌。两臂内收时吸气，两臂伸直时呼气，每周 2～3 次，每次 3～4 组，每组 10～15 次。

(四)背部健美

1. 引体向上

以发展背阔肌、三角肌后部、斜方肌等力量得以实现。

练习方法：正握杠，两臂和身体充分舒展，平稳用力将身体拉引向上，身体拉引得越高越好，并且练习次数逐渐增加。每周2次，每次3组，每组5~20次。

2. 俯卧两头起

练习方法：俯卧在床或者垫子上，两臂向上伸直，腰背肌发力，同时抬头挺胸，两腿伸直用力后伸，以腹部着地形成身体弓形，然后还原成俯卧姿势，反复做。每周3次，每次4组，每组12~18次。

(五)臂部健美

通过发展三角肌、肱二头肌、肱三头肌、肱肌等力量来实现。

1. 直体双臂胸前弯举

练习方法：身体直立，两臂持杠铃下垂，握距同肩宽，然后屈臂将杠铃弯举至胸前，再慢慢还原连续做。做动作前一定要伸直两臂，身体保持稳定，不要前后摆动，用力前吸气，放下时呼气。每周3次，每次5组，每组10~30次。

2. 小臂肌肉健美法

练习方法：站立，两臂自然下垂，然后屈小臂，使小臂与大臂成直角，掌心向下，五指张开，然后用力握拳。反复做25~30次。

(六)腰腹部健美

通过发展腹直肌、外斜肌、腰髂肌的力量得以实现。

1. 仰卧起坐

练习方法：仰卧在瑜伽垫上，双手抱头或负重物快速收腹起坐之后慢慢恢复仰卧姿势，连续重复做该动作。每周2~3次，每次3~5组，每组30~40次。

2. 仰卧起坐并转体

练习方法：双手抱头平仰在瑜伽垫上，上体迅速抬起，并向左（或向右）转体，用右肘关节触前屈的左膝，然后慢慢躺下。第二次用相反的方向重复练习，如此反复。每周2～3次，每次5组，每组3～5次。

（七）腿部健美

通过发展股四头肌、小腿三头肌的力量来实现。

1. 负重深蹲

练习方法：直立，两脚开立与肩宽，肩上骑人（根据自己身体条件而定）或两手提握杠铃放在两肩上然后屈膝下蹲，要充分弯曲使大腿贴着小腿，然后恢复直立，反复练习。每周2次，每次3～5组，每组8～16次，做时应有人近前保护。

2. 负重提踵

练习方法：肩负杠铃或负沙袋等重物，两脚稍分开，将脚后跟用力充分踮起，稍停再慢慢还原，主要练习小腿三头肌。每周2次，每次4组，每组15～20次。

四、矫正身体形态的运动处方

（一）两肩一高一低

如果两肩长期处于用力不均的状态，比如习惯用一侧肩部背包，那么这一侧肩关节周围的软组织就会长期处于紧张状态，则容易引起两肩高低不一的情况。可以用以下方法进行矫正。

（1）两脚开立，两臂侧下举，低肩的一侧做提肩20次，然后双肩一起做提沉肩20次，早晚各2组。

（2）双手正握高杠悬垂，两腿向下垂直，绷脚尖，保持30秒，做3组。

（3）同上练习，男生可双腿向上直腿举至水平，女生屈膝收腹大腿抬至水平，保持15秒，练习3组。

（4）两脚开立，上体直立，低肩部侧手持哑铃或重物成侧平举，另一手叉腰，每组15～20次，练习3组。

(二)驼背

驼背是胸椎后突引起的形态改变,主要是由于背部肌肉薄弱、松弛无力导致的。如果能加强背部肌肉的力量,并牵拉胸部前面的韧带,可以进行改善。

(1)手扶墙压胸腰练习:距离墙面一步的距离站立,两臂上举并扶墙,上体尽量向前挺,挺胸凹腰,胸尽量贴住墙,保持4秒。可经常反复练习。

(2)两臂反握挺胸腰练习:背对杠一步距离站立,两臂内旋后举反握杠,然后抬头,挺胸至最高,两臂尽量内收夹拢,两腿直立,保持4秒,还原。做6~8次,同时保持呼吸自然。

(3)背手挺胸练习:两腿开立,两手体后十指交叉握紧,然后两肩肩胛骨后锁,两臂后上举至最高,挺胸立腰,还原。每次2秒,做16次。

(4)坐位挺腰背练习:椅子背上绑一个小皮球,坐在椅子上,臀部尽量靠里,后背顶住皮球,两手向后扶住椅子后背,然后尽量内夹双臂,抬头挺胸,保持4秒,做6~8次。

(5)扩胸运动练习:两腿开立,两臂前平举,然后两臂左扩胸动作,做16~20次。注意扩胸时要用力,速度要快,同时抬头、挺胸、收腹。

(三)脊柱侧弯

脊柱侧弯是指脊柱向左侧(或者右侧)发生弯曲,是青少年发育期十分常见的一种脊柱变形。初期表现为两肩不等高,腰凹不对称,此时进行矫正效果较好。

(1)手拉肋木体侧屈:侧对肋木站立,一手拉住肋木,另一手上举,做体侧屈,做3组,每组30~50次。注意抬头、挺胸、收腹、上体不能前倾。

(2)俯卧,两臂弯曲体前撑地,将脊柱侧弯一侧的腿用力向上抬起,同时另一侧手臂伸直前举,保持3~4秒。做3组,每组10~15次。

(3)两腿开立,侧弯一侧的手臂自然下垂,另一侧手臂肩侧屈抱头,上体向侧弯一侧弯曲,手往下伸至最低,保持3秒。做3组,每组10~15次。

(4)向脊柱侧弯方向侧卧,两臂屈臂撑地,外侧腿用力向肩侧方踢腿至最大限度,还原,做25~30次。注意踢腿时身体端正,踢腿幅度要尽量大。

(四)X形腿

X形腿是指站立时,两膝并拢时两脚不能并拢,间隔距离有1.5厘米以上。它可能是由于遗传、营养不良、幼儿期坐姿、走姿不正确导致,致使股骨内收、内旋和股骨外展、外旋所形成的一种骨关节异常现象。虽然矫正难度较大,但是只要长期坚持,还是会有一定的效果。矫正的目的是使大腿内侧肌群的力量得到加强,小腿三头肌得到锻炼。

(1)坐在椅子上,两手后撑,足踝处夹一物体,根据锻炼情况由厚至薄逐渐调整。两膝并拢,直腿上举至水平,然后下落,重复15~20次,做3组。

(2)两腿屈膝坐地,膝外开,脚掌相对,两臂弯曲,两手扶在膝关节内侧,用力下压膝关节至最大限度,保持2秒。

(3)直腿坐,两手体后撑地,两膝间夹一只小皮球,用橡皮筋把踝关节绑住,小腿用力夹皮球,练习5分钟。

(4)小腿内侧翻,踢毽子。

(五)O形腿

O形腿是指当踝部并拢时,两膝不能并拢。多是由于站立过早或行走时间过长,以及缺乏营养及锻炼引起的,造成大、小腿内外侧肌群和韧带的收缩力与伸展力发展不均衡。可通过以下处方矫正。

(1)两脚开立,双手扶膝关节外侧,体前屈,屈膝半蹲,双手用力向内侧推压膝部,两膝尽量内扣,然后慢慢还原,做10~15次。

(2)坐立,两腿屈膝左右分开,然后两腿用力向内夹,两个膝关节尽量靠近,两手按住膝部轻轻下压至最大限度,保持2~3秒,还原。注意是膝关节用力,动作保持缓慢。

(3)用绳子将膝部绑紧,注意力度要适当,两脚并拢,两手扶膝关节处,上体前屈,连续做屈膝下蹲25~30次。

(4)用绳子绑紧膝部,注意力度要适当,两脚并拢,连续向上纵跳,两臂屈臂摆动,做20~25次。

(5)小腿外侧翻,踢毽子。

第六章　体育运动促进青少年体质健康的科学保障

青少年科学参与体育运动对增强体质、促进健康具有重要意义。为了进一步提高青少年体育运动锻炼的效果,应该全面建立保障体系,为青少年体质健康提供营养保障、安全保障,同时还要加强对青少年不良行为的预防与矫治,培养青少年科学健康、积极向上的行为习惯。本章主要从营养、伤病处理、不良行为纠正三个方面展开对体育运动促进青少年体质健康的科学保障的研究,从而为青少年提高体育运动锻炼效果而保驾护航。

第一节　青少年体质健康的科学营养

一、青少年合理营养与健康饮食

（一）合理营养

1. 全面补充营养

营养对健康有重要意义,要获得与保持健康,就要注重营养补充的全面性。社会经济的发展和人民生活水平的提高为青少年全面补充营养提供了良好的物质条件。青少年自身也要树立全面补充营养的意识,不能只补充少数几种营养,如贫血就只补铁,便秘就只补充维生素,而应该全面补充各种营养,并根据身体需要而适当增加某些营养的补充量。青少年也要不断积累一些基本的营养知识,客观审视自己的健康情况,发现自己的健康问题,及时通过调整饮食结构和全面补充营养来提高健康水平。

2. 三大能量营养素的补充

（1）蛋白质。

蛋白质这种能量营养素是很复杂的，人体消化这种营养物质也比较难。蛋白质的消化时间比脂肪的消化时间还长。因此，补充蛋白质能够增加饱腹感。一般建议每餐的食物中都含有一定比例的蛋白质，摄取豆类食品、蛋奶类及肉类食品可以补充蛋白质。需要注意的是，补充蛋白质虽然很重要，但不宜过量，否则会影响身体健康。

（2）脂肪。

在三大营养素中，能量最高的是脂肪，补充脂肪类食物能够补充机体所需的能量，但也要避免过量进食脂肪类食物，否则吸收太多的能量也不利于健康。补充脂肪可以选择禽类、畜类等肉类食物，也可以从甜品中补充脂肪。但如果过量吃甜食，会危害健康。每餐食物中，机体所需能量的30%应该从脂肪中获取。青少年要尽量少吃快餐和油炸零食，这些食物中含有大量脂肪，不利于人体健康

身体主要依赖脂肪而贮存必要的能量，在糖类向脂肪转换的过程中会有25%的能量被消耗，而脂肪直接在体内贮存时消耗的能量却只有3%。

（3）糖类。

蔬果中的果糖含量高，而且这些果糖经过分解会转化为单糖，不会影响胰岛素和血糖，所以青少年可以多吃水果和蔬菜来补糖。米饭、面食中也含有丰富的糖类营养素，从我国居民的饮食习惯来看，基本上餐餐都有这些主食，所以容易补充糖。但是因为主食中所含热量高，所以容易影响胰岛素和血糖，因此主食的比例应适当减少一些，蔬果的比例应适当增加一些，通过进食主食与蔬果来补糖。建议青少年多吃蔬果还有一个重要原因就是蔬果中含有大量的微量元素和维生素，能够使青少年补充全面的营养，而且易于消化，不会增加肠胃负担。

（二）健康饮食

1. 讲究酸碱平衡

体内的酸性成分能够被碱性食物消除，在一般情况下，人的血液是

弱碱性的。如果体内有大量的酸性成分,血液呈酸性状态,那么就有可能引发一些疾病。

食物有酸性食物和碱性食物之分,这是根据人进食后最终代谢物的性质而划分的。肉类、蛋类及主食都是常见的酸性食物,这些食物在人体的代谢产物偏酸性,所以会使血液呈偏酸性状态。人们认为蛋类、肉类是富含大量营养的食物,所以对这些食物很喜欢,补充这些食物能够增加人体中的酸性成分,酸性成分过多对健康会有影响,因此需要补充碱性食物来抵消与平衡,这就需要多吃蔬菜和水果来达到这个目的,酸性食物与碱性食物的均衡补充能够使人体血液维持弱碱性状态,有助于机体健康。

2. 补充除氧化食物

自由基是人体氧化过程中形成的一种副产物,它们会损害脱氧核糖核酸和胶原蛋白,对组织细胞也有破坏性影响,造成机体器官功能的弱化,使人体快速衰老或发生疾病。要提高机体抗氧化系统功能,就要适当补充除氧化食物,这类食物对自由基有抑制、消除作用,能还原已形成的氧化反应,从而有效预防疾病,维护体内环境健康。

日常生活中具有除氧化作用的主食主要是糙米饭,坚果类食物中大豆、松子、花生、核桃、杏仁、开心果等是很好的选择,蔬菜类食物中可选的有韭菜、菠菜、番茄、辣椒、南瓜、豌豆、小青菜、胡萝卜等。

3. 少食多餐

对包括青少年在内的所有人而言,早餐都是必需的,如果家长有时间,就尽可能做一些营养丰富的健康早餐,如果没有时间,可以买现成的早餐或半成品,但一定要保证营养。早餐和午餐之间可以加一餐水果或坚果,午餐与晚餐之间也可以加一餐蔬菜或水果,尽可能少食多餐,进餐时间相对固定,饮食规律,养成良好的饮食习惯,这有助于保持良好的体形,而且对身体健康非常有益。

4. 食用一些粗粮

随着现代社会生活条件的改善,青少年的饮食尤其是主食都是以细粮为主,很少吃粗粮,甚至有的青少年从未接触过粗粮。事实上适当补充一些粗粮还是有益健康的。粗粮中含有钙、硒、锌、磷等多种微量元素,每一种元素都对人体健康有重要作用。例如,青少年牙齿和骨骼的发育离不开钙和磷这两种微量元素,钙还具有维持电解质平衡的作用。青少年生长发育过程中也离不开铁、锌、铜、锰、碘等微量元素,合理补充这些微量元素,有助于促进发育,对骨骼、肌肉退化起到预防效果,还能防止发育中出现畸形,同时起到预防机体系统功能退化的抗衰老效果。所以说,青少年每天适当补充一些粗粮,粗粮、细粮合理搭配是对健康有益的。

5. 通过乳品来补钙

现在青少年儿童每天钙摄入量少、缺钙的现象也很严重。青少年处于生长发育的重要时期,如果不注重补充钙,会因为缺钙而引起一些疾病,长期处于缺钙状态,会限制身高增长,出现缺钙性疾病。

在人体内的众多微量元素中,钙是非常活跃的。青少年只有补充充足的钙,生长发育才有保障,缺钙对正常发育的影响很大,会导致发育迟缓,还会为以后患病如肩周炎、骨质疏松等埋下隐患。牛奶等乳品还有很高的钙质,是青少年补钙的最佳选择之一,青少年每天都应该补充一定量的牛奶或丰富的乳制品来补充机体所需的钙。

6. 身材矮小的少年儿童多吃含锌食品

青少年大都对自己的身高有一定的期许和追求,身材是高大还是矮小,受先天遗传因素和后天营养、运动等因素的影响都很大。我们不可能去干预先天遗传因素,所以要多从后天因素着手来帮助青少年找到长高的方法。研究表明,青少年生长发育尤其是身高的发育离不开锌。锌是人体内非常重要的一种元素,人体中几十种酶的活性都会受到这一微量元素的影响。如果人体中缺乏必要的锌,那么蛋白质的新陈代谢就会受到影响,长期如此,必然对生长发育造成阻碍,导致身材矮小。除此之外,食欲不振、嗅觉和味觉功能弱化等也是缺锌给机体带来的不良影响。

日常饮用水和食物中含有人体所必需的锌,有些区域的饮用水本身就缺少这一微量元素,所以容易导致整个区域的人平均身高较矮。肉类食物、蛋白类食物、海产品、谷物、动物内脏等都含有丰富的锌,是青少年补锌的主要食物来源。青少年要适当多吃一些牛肉、原粮,以达到补锌的效果。如果青少年身高长期没有变化,缺锌严重,可补充一些含锌的药剂,但要遵照医嘱而服用。

第六章　体育运动促进青少年体质健康的科学保障

7. 含人工添加剂食品不宜多吃

青少年吃得很多食品如点心、饼干中都含有人工添加剂,正因为有这些添加剂,这些食品的外形更美观,口感更好,相对来说也有一定的营养。只要人工添加剂的量是在国家规定范围内,那么这些食品对青少年的健康也是有一定益处的。尽管如此,我们依然不建议青少年多吃这些食品。这是因为有研究表明,青少年过量食用含有人工添加剂的食品,会对性格、心理、行为产生一些负面影响,如会做出带有攻击性的行为,容易发脾气,不听家长和老师的话,学习能力下降,智商也受到影响。英国有关专家做过一项能证明人工添加剂食物会影响儿童行为与智商的研究,即禁止行为怪异的儿童摄取含有人工添加剂的食品,要求他们只能摄取不含人工添加剂的食物,连续半年后,大部分儿童的行为发生了很大的改变,行为从怪异变得正常,而且智商也提高了。所以说,虽然含有人工添加剂的食物口感好,能满足胃口和食欲,但还是要少吃。

8. 可保留零食习惯,但要适量

吃零食几乎是青少年儿童的天性,我们不完全反对青少年吃零食,事实上对健康的人来说,只要不是有毒的食物,就没有什么是绝对不能吃的。对很多人来说,美食都是不可抵挡的诱惑,吃这些食物本身就是一种味蕾的享受。所以说青少年吃零食是无可厚非的,但要牢记不可贪吃的原则,偶尔吃一点可以,但多吃就不倡导了。

青少年自己要自觉控制好每天的零食量。如果喜欢吃冰激凌,那么一次吃一个就可以了,不能一次性吃很多,否则会刺激肠胃,容易拉肚子;如果喜欢吃巧克力,每天少吃一点就可以了,因为巧克力的热量很高,如果吃得太多,容易发胖;青少年看电视的时候不建议吃零食,因为边看边吃不知不觉就很容易过量。青少年要树立自觉意识,不能用零食代替主餐。

二、青少年体育运动锻炼中补充营养的原则

青少年参加体育锻炼,要达到良好的健康促进效果,就要在运动中讲求营养均衡搭配,将合理运动和全面营养结合起来,对健康大有裨益。青少年参与体育运动锻炼,要全面锻炼身体各个部位和各项身体素

质,不仅运动要讲求全面性,营养也要讲求全面性。全面的运动配合全面的营养才能达到全面的健康。青少年在体育运动锻炼中补充营养与在日常生活中补充营养还是有区别的,因为体育锻炼中消耗能量多,所以营养补充量也多一些。下面对青少年在体育运动锻炼中补充营养的几项原则展开分析。

（一）营养平均化原则

青少年在体育运动锻炼过程中每天吸收的营养要全面、均衡,要合理搭配食物,提高吸收效果。人体过快吸收营养其实不利于身体健康,如果只吃细粮,机体很快就能吸收营养物质,不利于身体的持久健康,而如果适当吃一些粗粮,体内消化分解时间长,人体利用这些营养物质的时间也比较长,这对身体健康有好处。所以要注意粗粮和细粮的合理搭配,而且适当吃粗粮还能使饱腹感增加,对体重的控制也是有好处的。

要对营养吸收的速度进行控制,提高吸收效果,并很好地对体重加以控制,就要遵循少吃多餐的饮食原则,补充营养要分批完成,既不能暴饮暴食,也不能在过度饥饿时进食。少吃多餐还有助于较快消除疲劳,运动结束后使身心快速恢复到正常状态,这对之后的锻炼也有好处。

（二）时效性原则

青少年在体育运动锻炼中要注意补充营养的时效性,抓住黄金时期来及时补充营养,使身体在运动过程中消耗的营养物质快速得到补充,这样达到的效果是事半功倍的。运动过程中和运动结束后30分钟内,运动肌肉充满血液,身体活性物质达到最佳分泌状态,这时需要及时补充营养物质来修复机体内环境。营养补充越及时,机体内环境的修复效果就越好,肌肉力量就越能得到发展,肌肉疲劳也能快速恢复,从而以良好的身体状态参加运动锻炼。青少年在日常生活中补充营养也要注意时效性。在一日三餐中要补充必要的营养物质,尽可能减少夜宵的饮食量。因为夜里人体新陈代谢速度减慢,肌肉血液流量比运动中小很多,这种情况下如果吃太多的夜宵,就会在体内储存脂肪,导致身体肥胖,对健康造成危害。

第六章 体育运动促进青少年体质健康的科学保障

（三）个体化原则

不同青少年的生活习惯、饮食习惯、运动习惯都是不同的，所以青少年不管在日常生活中还是在运动锻炼中补充营养，都要根据自己的实际情况来搭配食物，要遵守个体化原则，营养搭配既要能满足运动需要，又要对身心健康有益，在运动锻炼中还要根据运动处方的变化而对营养方案进行调整，以免出现不良身体反应。

三、青少年体育运动锻炼中补充营养的要点

（一）减轻体重群体营养补充

如果青少年参加体育运动锻炼是为了减轻体重，那么在饮食上低热量食物是最好的选择，包括低胆固醇的食物和脂肪少的食物。容易使血糖升高的食物要少吃，如精面精米、果汁等，可以多吃一些血糖含量低的食物，如燕麦片、全麦面包及粗粮杂粮等。这些食物不会给血糖带来很大影响，而且膳食纤维含量高，容易吃饱，消化速度相对慢一些，能够持续较长时间为身体活动提供能量。

青少年如果要减轻体重，那么在运动锻炼中不能通过喝果汁来补充水分，可以直接吃水果。此外，要选择经过健康烹饪方式加工的食物，如蒸、煮等，而用食物油煎炸的食物要尽量少吃。选择肉类食物时以海鲜、家禽等白肉为主，猪、羊等家畜类红肉尽量少吃。食物要多样化，营养要全面化，蔬果要适当多吃一些，吃饭时不要狼吞虎咽，否则会影响消化。睡前 2 小时尽可能不吃东西，尤其是高热量食物。

（二）增加体重群体营养补充

青少年通过参与耐力性项目的运动锻炼可以达到增加体重的目的，在运动过程中要合理补充营养，碳水化合物和蛋白质这两种营养物质要适当多补充一些，这有助于预防肌肉力量或耐力锻炼中的运动损伤，也能使肌肉紧张与不适感得到缓解。

为了达到增重的目的，在运动锻炼中也可以加快饮食频率，高热量、低脂肪的食物可以多吃一些，可饮用富含营养的蛋白饮料，运动结束后

可以喝低脂牛奶来促进体力的恢复。青少年不要擅自吃营养补品来增重,其实只要坚持不懈地参加体育锻炼,并做好饮食上的搭配,很容易增加体重。

(三)运动补水

运动前 2 小时可适当摄入水分,以达到补水的功效,并且在运动锻炼前有足够时间排空多余水分。

为了补充在运动中随汗液所流失的水分,在不影响运动表现或不会引起身体不适的情况下,可多次、适量补水。

运动后补水可以加快身体机能恢复,要保证总液体的摄入量超过运动中水分流失量,可适当摄入含电解质的饮料。

若要用运动饮料补充糖分,那么只有在运动达到一定强度,运动时间达到 1 个小时及以上才有明显作用。在大于 1.5 小时的运动过程中补充含糖运动饮料效果才最明显。一些青少年每天锻炼半小时左右,属于中等强度,消耗能量少,糖的消耗速度慢,此时适宜补充低糖低盐的饮料。如果出汗很多,除补水外还需要注意补充盐分。

另外,运动营养协会指出普通健身人群(即每周锻炼 3 次,每次 30～40 分钟)不需要额外补充能量,正常膳食可以满足人体需要。

第二节 青少年体育运动锻炼中伤病的科学处理

一、青少年体育运动锻炼中运动损伤的处理方式

(一)一般损伤处理

1. "S.T.O.P"处理法

青少年在体育运动锻炼中受伤后应采用下面的"S.T.O.P"处理法。
S(Stop):停止,停止训练活动。
T(Talk):谈论,了解受伤经过和细节。
O(Observe)观察,观察伤患情况。
P(Prevent)防止,以免进一步发生损伤。

2. "P.R.I.C.E.R" 处理法

如果是发生软组织闭合性损伤,那么采用"P.R.I.C.E.R"处理法。

P（Protect）：保护,防止组织再次受伤。

R（Rest）：休息,控制血流向受伤部位的流动速度,避免加重损伤症状。

I（Ice）：冰敷,起到消肿、止血、缓解疼痛的作用,冰敷时应注意不要直接接触皮肤,防止冻伤皮肤。冰敷时间一般在受伤后 48～72 小时内,1 小时 2 次,每次冰敷时间不宜过长,每次 3～5 分钟。

C（Compression）：加压包扎,先止血消肿,然后包扎,对伤部起到支撑作用。

E（Elevation）：抬高患肢,使血液回流,促进止血消肿。

R（Referral）：转送,如果伤情严重必须及时转送到医院进行专业医务治疗。

（二）紧急情况下的急救处理

1. 开放性损伤的急救处理

擦伤、裂伤、刺伤、切伤等是常见的开放性损伤。青少年在运动锻炼中发生这类损伤后,如现场有医疗急救包,可使用药物治疗,包括内服药物和外用药物。

内服药物有镇痛药、七厘散等,外用药物有 2% 红汞溶液、1% 甲紫溶液、2% 碘酊、75% 酒精、3% 过氧化氢溶液、0.9% 氯化钠溶液、松节油、樟脑酊、破伤风抗毒血清（TAT）等。使用外用药物时注意：甲紫溶液不宜涂于面部或关节部伤口；红汞溶液与碘不宜同时用在同一部位；伤口面积大时不宜使用碘酊来消毒。

如果流血过多,应立即进行现场止血。主要方法有：压迫止血法（图 6-1）、加压包扎止血法、止血带止血法、冷敷法、间接指压止血法等。

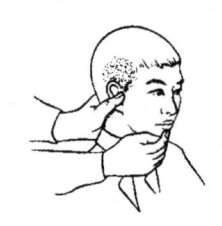

① 头部出血：压迫颈动脉 　　② 面部出血：压迫面动脉

③ 肘关节以下部位出血：压迫肱动脉 　　④ 颈动脉出血：压迫锁骨下动脉 　　⑤ 下肢出血：压迫股动脉

图 6-1　不同部位出血时的压迫止血操作[①]

2. 骨折急救

如果运动锻炼中肢体发生严重外伤或骨折，应尽快包扎和固定，先对伤口进行止血消毒清理，敷上敷料后再进行包扎和固定，一般采用三角巾或绷带进行包扎，用木板等硬物来临时固定，注意包扎时保持关节活动的功能位置，调整好包扎的松紧度，避免受伤肢体血液循环功能受阻。

骨折急救处理中，骨折部位的临时固定非常重要，不同部位的固定方法如下。

前臂骨折的临时固定方法如图 6-2 所示。

① 　　②

图 6-2　前臂骨折的临时固定[②]

---

① 荣湘江. 体育康复 运动处方 医务监督[M]. 桂林：广西师范大学出版社，2000.
② 顾丽燕. 运动医务监督[M]. 北京：北京体育大学出版社，2009.

肱骨中段骨折的临时固定方法如图 6-3 所示。

① 有夹板包扎法 　　　　　② 无夹板固定躯干法

图 6-3　肱骨中段骨折的临时固定[1]

小腿骨折的临时固定方法如图 6-4 所示。

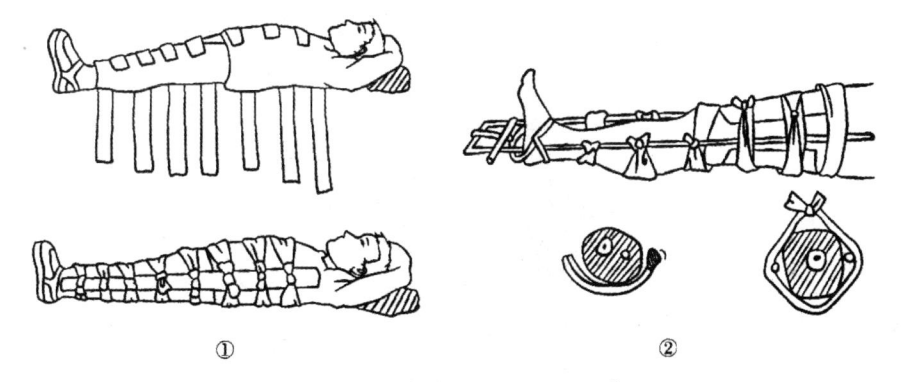

①　　　　　　　　　　②

图 6-4　小腿骨折的临时固定[2]

股骨骨折的临时固定方法如图 6-5 所示。

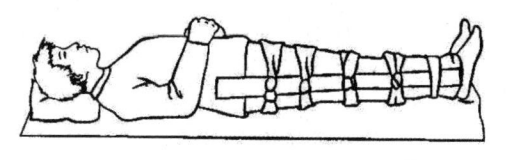

图 6-5　股骨骨折的临时固定[3]

3. 呼吸、心跳停止的急救

如果在运动中出现丧失意识、呼吸停止、脉搏消失、瞳孔散大、面色苍白等危险症状，应立即对运动者进行心肺复苏，急救程序步骤如下。

---

[1]　顾丽燕.运动医务监督[M].北京：北京体育大学出版社，2009.
[2]　同上。
[3]　同上。

（1）确保周边环境安全。

（2）判断伤者意识水平。

（3）大声呼救寻求帮助。

（4）恢复急救体位。

（5）打开气道。

（6）判断通气状况。

（7）判断循环状况。

（8）胸外心脏按压。

需要注意的是,实施胸外按压技术,要先判断伤者脉搏是否跳动,最佳判断方式是触摸颈动脉(图6-6)。具体操作时,施救者双膝跪地,双手在按压位置,两臂用力向下按压,主要是肩部和臂部发力,如图6-7所示,图中4～8厘米指的是按压深度。一般以平均每分钟100次的频率按压。

图6-6 触摸颈动脉[1]

图6-7 胸外按压姿势[2]

人工呼吸时一般采用口对口人工呼吸方式,操作方式为:畅通患者的呼吸道,用拇指与食指将其鼻翼捏住,使其鼻腔处于封闭状态,以免

---

[1] 徐丽.游泳[M].广州:华南理工大学出版社,2008.
[2] 同上。

第六章 体育运动促进青少年体质健康的科学保障

施救者吹入患者口内的气体从这里溢出(漏气)。施救者用力吸气,与患者嘴对嘴并将其嘴巴包住,向患者口中缓慢、均匀吹气,使患者胸腔微膨胀或重新有了收缩变化(图6-8)。

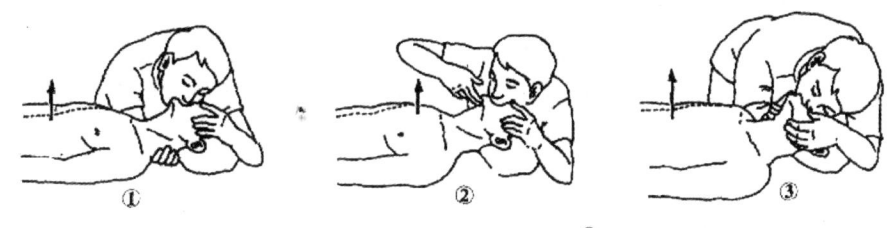

图 6-8 口对口人工呼吸[1]

二、青少年体育运动锻炼中运动损伤的有效预防

(一)三级预防机制

减少运动损伤是保障运动效果、增加运动寿命的有效方法。运动损伤的预防机制一般包括下列三级。

1. 一级预防

一级预防主要是指避免损伤发生。

2. 二级预防

二级预防是指出现损伤后早期诊断和治疗,确保对损伤的处理得当,避免功能丧失和病情恶化。

3. 三级预防

三级预防主要指伤后康复,尽量减少或纠正存在的功能障碍,防止潜在疾病发生,治愈因伤病而造成的短期功能丧失。

从专业的角度来看,要根据运动损伤出现的原因建立危险因素评估机制,从影响损伤的生理学因素、生物力学因素以及流行病学因素等出发,综合评估危险发生的可能性和严重性,并制订干预计划,这样有利于在运动锻炼中进行科学监督,防止损伤出现、旧伤复发,同时也能预防薄弱环节引起的运动损伤。

---

[1] 徐丽.游泳[M].广州:华南理工大学出版社,2008.

(二)预防要点

1. 做好准备活动与整理活动

青少年进行体育运动锻炼,要先做好运动准备,在运动前充分了解运动技术方法、场地器材、个人状态等情况,在经过适当的热身活动后进行锻炼。一般性热身运动持续 5～10 分钟,中等强度,微微出汗,可提高心率和呼吸频率,为进一步运动做预热准备。

运动后的整理恢复活动和运动前的热身准备活动一样重要,运动后做整体活动主要目的是促进机体疲劳的恢复。运动后会出现大量的供能代谢产物,从而使机体内环境酸碱度发生变化,大量氯离子对供能循环通路造成堵塞,乳酸盐生成以及磷酸原、糖原的大量消耗等因素又大大降低了能量合成效率,这些都会导致机体在运动中和运动后出现疲劳。为促进机体恢复、缓解延迟性肌肉酸痛,青少年在运动结束后有必要做一些整理活动,如放松练习、静态拉伸等,一般时间为 10～15 分钟。另外,为更快更好地促进机体恢复,运动后的营养补给、水分补充也非常重要。青少年还可采取多种有效的方法来消除机体和心理疲劳,促进身心恢复,如温度刺激法(冷暖浴、桑拿浴)、按摩、听音乐等。

2. 贯彻超量恢复锻炼原则

超量恢复即利用人体的生物适应性,通过适量负荷、周期运动等锻炼原则及手段,使运动者经过恢复后运动能力得以提升。需要注意的是,不同青少年的个体机能存在差异性,因此应尊重个体差异,有针对性地做出调整。

3. 强化薄弱环节的锻炼

青少年在体育运动锻炼中出现运动损伤,有一个最直接的原因就是运动链的衔接出现薄弱环节,这也是最根本的原因。所以,青少年在日常锻炼中应特别注意对自身薄弱环节的强化性锻炼,要先通过专门的测试识别机体运动链存在的薄弱环节,然后加强锻炼,以提高锻炼的针对性、有效性,预防运动损伤发生。

4. 加强运动保护

青少年参与不同的锻炼项目,都要做好必要的保护措施,如在锻炼肌肉的举重练习中为避免脊柱负荷过大,应该佩戴腰封或贴上运动贴布;初学游泳的青少年在游泳锻炼中要使用救生衣和游泳圈;自行车运动爱好者在健身锻炼过程中需要戴头盔和护膝等。[①]

三、青少年体育运动锻炼中常见运动性疾病与治疗

(一)运动性腹痛

运动性腹痛是指在运动过程中或运动结束后,由运动而引起的腹痛现象,多发生于耐力项目的锻炼中,如中长距离跑。

1. 产生原因

(1)平时体质水平差,运动时心肌血液搏出无力,导致静脉回流发生障碍,回流血聚积肝脾淤血性肿大,肝脾包膜张力增加,经受牵拉而产生疼痛。

(2)运动前吃得过饱、喝水过多或空腹运动,胃部受到牵拉与刺激,引起腹疼,多因肠胃痉挛所致。

(3)运动中排汗较多,体内盐分大量流失,使代谢紊乱,加之疲劳,引起腹直肌痉挛而疼痛。

2. 症状

由胃肠道痉挛或功能紊乱引起的腹痛,腹痛的性质多为钝痛、胀痛甚至绞痛,主要疼痛部位是肚脐周围、左下腹。由呼吸肌痉挛或活动紊乱引起的腹痛,疼痛性质多为锐痛,主要疼痛部位是肋部和下胸部。

3. 处理

(1)运动中出现腹痛,则应适当降低运动速度,用手按压患部,加深呼吸,调整呼吸与运动节奏,坚持跑下去,短时会好转。若疼痛未减轻,反而加剧,应停止运动。

(2)属于腹直肌痉挛可进行局部按摩或背伸牵拉腹肌,若无效则应立即就医。

(3)属于肠胃痉挛可口服溴丙胺太林(每次1片)或掐点内关、足三

---

① 徐勇灵,高雪峰.科学运动与体质健康促进指导手册[M].广州:广东高等教育出版社,2016.

里、大肠俞等穴位。

(二)运动性贫血

运动性贫血是指血液中红细胞数目及血红蛋白量低于正常生理数值的一种运动性疾病。

1. 产生原因

运动性贫血由很多原因引起。在运动过程中如果生理负担量过大,则可导致运动性贫血。血红蛋白是红细胞的主要成分,正常人血红蛋白的浓度和红细胞的数量密切相关。一般情况下,血液中红细胞数量越多,血红蛋白浓度就越高。机体在正常情况下每天都有一定数量的红细胞在新生和衰亡,两者之间维持动态平衡,使血液中红细胞数目与血红蛋白保持相对稳定。一旦这种平衡遭到破坏,即可引起贫血。

2. 症状

运动性贫血主要症状有头晕、乏力、易倦、记忆力下降、食欲差。运动时症状较明显,常伴有气促、心悸等症状。

3. 处理

(1)适当减少运动量,必要时应停止运动。

(2)改善营养,尤其要补充富有蛋白质和铁的食物。

(3)口服硫酸亚铁片剂,每日3次,每次0.3克,饭后服用,对治疗缺铁性贫血有明显效果,并同时服用维生素C和胃蛋白酶合剂,有利于铁的吸收。

(4)中、西药结合治疗运动性贫血。

(三)中暑

1. 产生原因

气温很高时,人体内的温度不易散发,在较长时间的运动中,身体产生的热量急剧增加,体温的调节作用不能及时散发过多的热量。在这种情况下,可能使体内的热量慢慢积累起来,体温较高,热的发散力又较小,长时间运动时体温可能升到 39～40 ℃。体温剧烈升高,可引起整个身体机能特别是大脑机能发生障碍,导致中暑。

另外,在夏天强烈日光下照射时间太长,对身体也会产生不良影响,也就是常说的日射病。日光中有一种红外线,这种光线在夏天太阳光中格外强烈,长时间受日光照射时,红外线透过人的毛发、皮肤、头骨射到脑膜和脑细胞,从而使大脑发生病态变化,这也能引起中暑。

2. 症状

(1)一般症状为头痛、头晕、眼发黑、心慌、心跳、气喘、口渴、恶心、皮肤发烫、抽筋等。

(2)严重时昏迷晕倒,不省人事。

3. 处理

(1)运动中发生中暑,应迅速使患者脱离热环境,到阴凉通风处休息,并采取降温、消暑措施,如解开衣扣,喝清凉饮料,服用人丹、十滴水或藿香正气水等防暑药物。

(2)对日射病患者,重点进行头部降温,让患者仰卧,垫高头部,用冰袋冷敷额部或以 50% 酒精(或白酒)擦身。

(3)热痉挛及热衰竭病患者,重点补充生理盐水或葡萄糖生理盐水,可大量口服含盐的饮料。

(4)对高热中暑病患者,重点采用物理降温或合并药物降温的方法,如冷敷、冷水淋浴、冰袋冷敷、50% 酒精擦浴等紧急降温措施。若症状较重或昏迷时,必须迅速就医治疗。[1]

第三节 制约青少年体质健康的不良行为与纠正

一、吸烟行为与纠正

(一)吸烟行为及危害

据调查发现,当前我国青少年群体中吸烟现象比较严重,有的青少年虽然年龄不大,但是已经有几年的烟龄了,有的甚至吸烟成瘾,每天都会吸几支烟,这是不文明行为,同时也是不健康行为。青少年吸烟会

---

[1] 顾丽燕.运动医务监督[M].北京:北京体育大学出版社,2009.

危害自身健康与生长发育,也会给周围人的健康带给危害,同时也对空气造成了污染。

吸烟在很大程度上严重危害着人类的生命与健康,长期吸烟会增加患肺气肿、心脏病、心肌梗死、支气管炎、冠心病、肺癌等疾病的概率,而全球每年有很多人死于这些疾病。青少年吸烟对身体造成的危害非常大,青少年处于生长发育的关键阶段,身体机能系统功能还不健全、成熟,表现出明显的敏感性和弱抵抗性。青少年的身体抵抗力与成年人相比是存在差距的,所以他们更容易受到有毒物质的侵害,而一旦被侵害,给身体造成的损害也是剧烈的。青少年支气管系统发展还没有达到很成熟的水平,青少年吸烟,烟中的有害物质向呼吸道侵入,随呼吸道又向肺泡、支气管中侵入,从而损伤器官组织,对呼吸系统机能造成严重危害。此外,烟草中含有大量对人体免疫机能有害的有毒物质,所以青少年吸烟很容易咳嗽,并造成肺部感染,引发肺病。吸烟对青少年的危害还包括早衰、早亡。这些严重的后果引人深省。

(二)纠正方法

1. 正面教育

一些青少年从儿童时期就开始尝试吸烟了,儿童本身就是充满好奇心和喜欢新鲜感的,烟草对他们来说是一种神奇的东西,吸烟时吞云吐雾的状态使他们充满好奇,所以不禁想要尝试一下。此时,家长和教师要加强教育,做好引导,告诉他们吸烟的危害,并用有趣而有意义的新生事物来转移他们的注意力。儿童成长为少年后,年龄增加的同时身心也发生了变化,他们认为自己长大了,会产生一种"成人感",而追求新鲜事物、尝试新东西能够满足他们的这种心理需求,但必须要让他们知道,长大和成熟不能用吸烟、喝酒来证明,大人们抽烟的神态并不值得模仿。为了使青少年的成人感得到满足,不管是家长还是学校,都要做好正确的引导,多组织一些家庭娱乐活动或学校课外活动,鼓励孩子们积极参与,让他们在积极向上的活动中感受自己的长大与成熟。

不管是家庭健康教育还是学校健康教育,都要以正面教育为主,告诉青少年吸烟对身体、环境及社会的危害,让青少年主动远离烟草,并能劝说同龄人戒烟。有时有必要采取强制性手段来禁止青少年吸烟。对青少年进行健康教育,不能只是简单地提一些"不许的命令",而要以理服人,从科学、情感等多重视角出发进行教育,使青少年养成自觉的习惯,提高青少年的健康意识。青少年吸烟危害很大,如果家长和学校对此视而不见,无异于纵容,这可能会造成更严重的后果,如导致青少年堕落、走上犯罪道路。如果青少年只是刚开始接触烟草,要及早干预,以免养成习惯。如果青少年已有一定的烟史,而且成瘾难戒,需要采取必要的强制手段或医疗手段来加强干预,使他们尽快戒烟。

2. 加强舆论宣传

吸烟有害健康已经是不争的事实了,社会各类组织及政府有关部门也不断采取措施呼吁广大吸烟人士戒烟,虽然已有所改善,但是吸烟者数量还是很庞大,而且其中不乏青少年群体。对此,要针对青少年进一步加强关于戒烟的舆论宣传,让青少年知道吸烟对自己身心健康、周围人身心健康的危害,了解每年有多少火灾事故和吸烟有关。同时也要宣传成功戒烟的真实案例,给青少年树立学习的榜样,使青少年能够自觉戒烟,永远远离烟草,对自己和他人的健康及对社会环境而负责。

二、暴力行为与纠正

(一)暴力行为及危害

社会暴力行为有很多种,其中就包括打架斗殴事件,近年来社会上发生的打架斗殴事件中有很多是青少年组织或参与的。青少年社会暴力行为最常见的是打群架,就是多名青少年分两个团伙打架斗殴,有的打架行为是有预谋的,提前计划好时间、地点,也就是约架;有的是突然发生的冲动行为,是在一定的环境或情境中发生的。

青少年常见的打架斗殴行为无非是出于两种动机,一是讲"江湖义气",为好朋友出头教训别人或报仇;二是彰显自己的个性、勇气和体力,甚至认为这是非常有面子和自豪的事。不管是出于什么动机而打架,都是不对的,动机本身就有问题,打架行为更是不对。

青少年渐渐脱离儿童时期的稚嫩,逐渐走向成熟,这是人生中非常重要的一个成长阶段,在青少年社会化发展的这个关键时期,如果不注重对他们的人格培养及行为引导,就很容易使人格缺陷的青少年误入歧途,甚至走上犯罪之路。有关统计资料表明,全国刑事犯罪中,青少年犯罪数量占有很大的比例,其中很多犯罪案件中15～16岁少年是主犯。

青少年暴力行为已经成为危害社会安定团结的严重问题,近年来社会上青少年犯罪案件非常多,而且一些案件中青少年使用残忍的暴力手段致人伤残或死亡,性质恶劣、情节严重,严重破坏了社会安定,给他人生命和财产安全带来了严重危害。青少年的暴力行为与这个年龄的生理和心理发展特征有一定的关系,青少年身心发展还不够成熟,思考问题比较简单,处理问题比较鲁莽,好冲动,再加上缺少阅历和全面分析问题的能力,所以遇事思考问题和解决问题很容易有偏激的思想与行为。有时青少年暴力行为与家教、学校教育不当也有关,青少年结识社会人士,社会交往行为不妥也容易被引诱而做出暴力行为。

(二)纠正方法

1.学会调节情绪

专家指出,消极情绪尤其是愤怒情绪很容易引起攻击性或破坏性的暴力行为,要避免出现暴力行为,就要从调节情绪着手。青少年如果能善于对自己的情绪进行调节,及时遏制不良情绪,稳定心态,那么就能避免做出冲动鲁莽、不计后果的暴力行为。

青少年既要预防消极情绪出现,也要合理宣泄已经产生的消极情绪。

(1)控制消极情绪。

青少年要具备对消极情绪的控制能力,将要发怒时,或情绪将要暴发时,要努力使自己的心平静下来,可尝试的方法有说话声音低一些,语速慢一些,表达方式委婉一些等。当青少年与家长、教师、同学或其他人发生正面冲突时,为避免出现愤怒情绪,要尽快转移注意力,努力克制自己的言行,尽可能不被他人的言行所干扰,不正面冲撞,不在言语上讽刺、谩骂他人,更不在行动上攻击他人,要抑制大脑神经系统的兴奋性,缓和激动的情绪,压制冲动行为。

(2)发泄消极情绪。

如果青少年已经出现了消极情绪,愤怒值达到一定程度,而且不管如何控制都没有效果,就要采取适当的方式将不良情绪宣泄出去,合理表达自己的不满,不要过度压抑自己,否则会使情绪爆发,表现出更残酷的暴力行为,造成更严重的后果。

2. 法制教育

学校和家长要注重对青少年的行为规范教育,培养与提高青少年的遵纪守法意识,使其养成良好的行为习惯,自觉规范自己的言行,不教唆、不参与、不煽动社会暴力行为,并能劝阻同学也不要参与暴力行动,自觉遵纪守法,维护社会秩序。

(1)法纪教育。

打架斗殴、寻衅滋事、破坏财务等都是违反纪律、触犯法律的违法违纪行为,青少年对此必须要有高度的认识,要做遵守纪律和维护法律的公民,坚决抵制这些暴力行为。

(2)合理惩罚。

如果青少年参与了社会暴力事件,那么必须遵照法律或其他权威性文件对其进行惩罚,一视同仁,不能偏颇,不能纵容这些青少年,这样才能维护法律的尊严与权威,而青少年只有受到应有的惩罚,为自己的不当行为付出应有的代价,才会幡然醒悟,认识自己的错误,自愿接受惩罚,并立志改正不良行为,并在今后的生活中知道什么可为、什么不可为,敬畏法律,远离犯罪。

三、赌博行为与纠正

(一)赌博行为及危害

中小学中,一些青少年聚集在一起,把一些共同认为有价值的东西作为赌注而进行赌博活动,有的青少年将自己的文具或零花钱作为赌注,有的则偷窃父母贵重的物品而参与赌博,还有的因为赌博而债务缠身,为了还债而走上偷窃等犯罪道路。青少年赌博既影响身心健康,也影响学习,还破坏了学校和社会风气,污染了学校环境,制约了校园文化建设。

青少年经常赌博,会陷入不健康的心理状态,如紧张、焦虑、过度兴奋等,这些不良心态是失眠、记忆力衰退、神经衰弱的诱发因素。有的学生甚至因为赌博而废寝忘食,将学习抛到脑后,不仅导致学习成绩下降,而且因为营养不良而出现了贫血、偏头痛等身体不适症状。

赌博对心理健康的危害也很大,会降低心理素质的健康水平,影响情绪,容易冲动,容易受情绪控制,也容易被外界环境因素干扰,自主意识会变差。长期赌博也严重影响了青少年的道德品质,有悖于道德甚至触犯法律的赌博行为使青少年人格逐渐畸形,给其带来身心疾病,影响了其正常生活与学习,也严重影响了其成长与未来发展。

(二)纠正方法

1. 加强学校管理

要整顿校风,严格校纪校规,严格禁止学生赌博。无论是在学校中,还是在学校外,只要发现学生有赌博行为,都要严肃处理,不能放纵。

2. 开展文体娱乐活动

学校多组织兴趣小组活动,开展丰富多彩的课外活动,在节假日组织冬令营、夏令营等活动,使青少年在课后和假期有有益和有趣的事可做。

3. 注重家庭教育

家庭环境和父母的行为对青少年的言行有巨大的影响力。为了矫治青少年的赌博行为,必须改善家庭环境和教育。父母要做孩子的榜样,远离赌博,而且父母要加强对孩子消费的控制,合理发放零用钱,引导青少年将零用钱用于正当支出,拒绝青少年的不合理消费需求。

四、不健康迷恋行为与纠正

(一)不健康迷恋行为及危害

青少年很容易迷恋某些事物或人物,现实生活中很多青少年存在一些不健康的迷恋行为,如疯狂迷恋网络游戏、迷恋追星、迷恋武侠小说、迷恋电视剧等,这些行为严重影响了青少年的健康成长。青少年进出的一些娱乐场所如游戏厅、录像厅、网吧等条件很差,吵闹拥挤,烟雾缭绕,青少年长时间在这样的环境中会严重危害身体健康。沉迷网络游戏或电子小说的青少年视力很快就会受到影响,而且也会引发其他健康问题,如胃病、脊柱弯曲、神经衰弱等。疯狂追星的学生有时会为了自己喜爱的明星而做出"出格"的行为,不仅影响了自身身心健康,也破坏了社会秩序。

(二)纠正方法

1. 重视教育和引导

充分发挥家庭、学校对青少年的教育作用,使青少年树立正确的娱乐观,为青少年提供更多的娱乐活动和精神食粮,培养青少年积极向上的兴趣爱好。根据青少年的生理和心理特点,以青少年喜闻乐见的形式,寓教于乐,帮助其克服盲目、过分追求娱乐的思想行为。家长要注意言传身教,经常与子女交流思想,及时发现孩子的不健康迷恋行为,正确引导与纠正,促进孩子德、智、体、美全面发展。学校要重视德育,加强对青少年的思想政治工作,丰富青少年的课余生活。

2. 加强市场管理

加强对文化娱乐市场的管理,优化娱乐环境,强化对文化娱乐市场的综合治理,规范管理制度,落实管理责任,加大整顿力度,严格检查、监督,齐抓共管,防止社会不良娱乐因素对青少年造成污染和腐蚀。

第七章 青少年体质健康的测量与评价

21世纪,我国学校教育关注青少年的全面健康成长,了解青少年体质健康的动态特征和规律有助于国家有关部门和学校制定相应政策和发展战略。对青少年的体质健康情况进行科学的测量与评价已经成为现今我国体育事业关注的焦点,这一步骤的实行能够为体质健康的进一步发展提供依据和理论指导,有非常重大的意义。本章将从体质健康测量与评价的基本理论出发,把握青少年体质健康测评的主要内容,最后简单了解下身体指数在此领域的相关应用。

第一节 体质健康测量的基本理论

体质健康测量的内容涉及人体形态结构、身体机能、身体素质、心理因素等反映人体健康质量的项目与指标。研究者在进行实际的体质健康测量过程中,需要掌握受测试对象的实际情况,选取和设计科学的指标、易于操作的测量方法,保证测量结果的客观性、有效性和可靠性。为了达到这一目的,体质健康测量需要有具体的理论指导。与之相关的测量学理论是设计和选择测量指标、实施具体测量的重要依据,为体质健康测量提供理论与实践上的指导。

一、体质健康测量方法的设计

体质健康测量方法的选择与设计是否恰当,在很大程度上决定了体质健康测量的实际效用与价值。因此需要注意选择合理有效的方法,注重实际测量的规范化和标准化操作。

测量方法指筛选、编撰体育测量的具体方式和相关程序的构思和规划。一般情况下,测量方法的设计分为两种基本形式,一种是根据测量目的、测量的主要内容选择或编撰新的体育测验；另一种是有针对性地对已有的符合有效性、客观性和可靠性的体育测验进行改编。相关教师或研究人员主要以检查教学或训练效果、进行体育科学项目研究为目的进行体育测量方法的设计。

体质健康测量方法设计的一般原则主要包括以下几点。

（1）测量需要符合科学性，具体体现在测量结果的有效性、客观性和可靠性，测量过程的经济性和标准化。

（2）测量应根据具体研究对象的特点进行适当调整，使其符合研究对象的实际情况，与其身体训练水平、运动技术水平相匹配。

（3）测量方法的选择要以强鉴别性为标准，使测量结果能够鉴别出不同研究对象的细微差别。

（4）设计测量方案时，既注重指标与总体特征之间的相关，又强调各指标之间的关系。

（5）争取选择相同的计量单位，规范记录方法。

体质健康测量方法的设计需要包括以下步骤。

（1）对相关材料进行收集、整理与分析，明确测量的目的。

（2）进行测量方法的设计和测量指标的选择。

（3）预测测量结果，通过实证分析与选择具体的测量方法方案。

二、体质健康测量指标的选择

体质健康测量指标的选择需要符合以下基本要求。

（1）符合测量目的，满足测量的有效性要求。

（2）测量指标能够进行定向分析，测量的具体程序、流程满足规范化要求。

（3）选择的测量指标基本不受技术因素和主观因素的影响，测量结果的重测信度较高。

（4）测量数据能够最大限度地反映个体差异，体现不同阶段、不同时期体质特征的动态变化。

（5）在充分考虑研究对象特点的情况下选择测量指标，使指标符合研究对象的性别、年龄特征。将大量研究对象分组，具有相同特征的被试尽量选择相同的测量指标，以便进一步进行横向研究和纵向研究。

（6）尽量选择国际上通用的测量指标，便于进行比较研究。

（7）测量内容具有较强的代表性,能够较为全面地反映被试实际的体质状况。

三、体质健康测量误差

任何形式的测量都会出现测量误差,测试者可以降低测量误差但绝不可避免测量误差。测量误差指在测量过程中收集到的数据结果与被试真实水平之间的差异。体质健康测量中测量精度的高低不是绝对的,测量仪器、测量方法的选择,测量条件的限制,都使得测量值与被试真实值之间存在误差。要想保证测量结果的精确程度,最大限度地减少误差,就必须了解测量过程中可能出现的测量误差,并在实际的测量过程中采取措施加以避免。在体质健康测量中,常见的误差主要包括以下几种。

（一）抽样误差

抽样误差是在抽取实验样本的过程中产生的样本统计量与总体参数之间的误差。抽样误差的大小受到多种因素的影响。

（1）变量自身的离散程度。若变量本身的离散程度较大,所抽取的样本统计量(主要表示为样本平均数、标准差等)的波动也就相对较大。

（2）样本大小。样本量越大,样本就越能够代表总体,即样本的代表性越强,因此,样本与总体之间的误差就会缩小。扩大样本容量是减少抽样误差的有效方法。

（3）抽样方法。由于个体差异是客观存在的,因此,不论选取哪种抽样方法,样本统计量与总体参数之间总会有所差别。但不同的抽样方法对应的具体的误差量会有所不同。

（二）随机误差

随机误差(又称偶然误差)是指在测量过程中由一些偶然因素引起的不易控制的测量误差。在实际的体质健康测量的操作中,因为有随机误差的存在,即使选用统一的测量方法和已校正的实验仪器,同一被试相同指标的多次测量结果还是会有差异。随机误差的产生原因非常复杂,误差值的大小忽高忽低,难以确定。但随着测量次数的增加,随机误差会呈现出有规律的变化,即它总是围绕着被试真实值上下波动。因此,严格遵守测量的要求进行规范化操作并在条件允许的情况下增加测量次数,能够在很大程度上降低随机误差。另外,必要时可进行统计学处理,将随机误差控制在误差允许的范围之内。

(三)系统误差

系统误差指在测量过程中由于测量仪器、设备等未进行校正,测量的施测条件过宽或过严而出现的有一定规律性的测量误差。例如,在测量血压前未将血压计校正到零位,体育场地、器材因为建造、安装等一系列原因未达到测试的标准等。系统误差通常是一个固定值,不能通过扩大样本消除。但这类误差能够被及时发现,通过在系统内部采用一定的措施消除。因此,要想有效地减少系统误差,测试者需要增强自己的责任心,加强对设备、仪器的检查监管力度,严格进行标准化测量。

(四)过失误差

由测试者的过失而造成的误差被称为过失误差。例如,测试者在施测过程中错误地使用测量仪器、设备,读错数据或记错数字等。过失误差会极大地影响原始资料的准确性,使测量数据没有参考价值。测试人员需要提高责任心、专业的技术能力并对实验结果进行验收才能有效防止过失误差的产生。为了最大限度地避免因过失造成的测量误差,在进行统计结论前,需要对测量数据进行最后的整理分析,检查与鉴别测量数据,丢弃异常数据。

四、体质健康测量数据

(一)测量数据的收集与整理

测试者需要根据测量设计的要求收集测量数据,然而初步收集到的数据通常数量巨大,形式杂乱,为保证数据资料的正确性和完整性,需要对数据做进一步的整理。体质健康测量中收集到的原始数据一般都是无序的,需要将无序的数据整理为有序的,并呈现出一定的规律性。

在体质健康测量中,可采用测量资料统计表或测量资料统计图的形式呈现数据。

（1）测量资料统计表。将数据的统计指标、基本含义、数量关系以行列表格的形式表示出来的测量资料统计表是一种重要的实用工具。统计表的设计遵循科学实用、形象直观、层次分明的原则，由表题（表的名称，简单表述测量内容，通常位于表格上方）、表目（表格的项目，表明表格内各数字含义）、线条（分顶线、底线和横线）等组成。

（2）测量资料统计图。将测量数据以图形形式呈现的统计图有直观形象、便于理解记忆的特点，统计图一般以点、线、面等图形在直角坐标系上构成。其基本内容包括以下几个方面。

①图题：图的序号、标题，通常位于图的下方。

②图目：绘制在统计图基线上的类别、时间等相关统计数字的标目。

③图尺：计量数值大小的标尺。

④图形：包括图形基线、边框线在内的图的主体部分。

⑤图注：图的注释说明。

测试者绘制体质健康测量资料统计图时应该遵循一定的原则。首先，根据研究目的和测量材料的性质选择适宜的图形；其次，需要保证统计图的完整性，包含统计图所需的基本内容。在体质健康测量资料中常用的统计图有条形图、折线图、直方图等。以常见的折线图为例，折线图的绘制方式简单，可以直观反映数据的变化趋势，比较数据间的大小。

（二）测量数据的可靠性

可靠性是指对同一批被试进行反复测量时，测量结果的一致性程度。理想情况下，对同一被试进行多次测量应得到相同的测量结果，但是在实际的测量结果间总是存在一定的误差。误差大小反映了测量可靠性的高低。可靠性受多方面因素的影响，测量仪器的精度、测试项目本身的技术要求等都会影响测量的可靠性。以立定跳远这一体育项目为例，只有受试者在起跳线后进行跳远活动才能记录跳远成绩，触碰起跳线算作犯规，离起跳线较远进行起跳则较难获得好的成绩。相较而言，握力的测量就不存在上述问题，因此，可以得出握力比立定跳远有更高的可靠性。《学生体质健康标准》中采用的测试项目均是受主客观影响因素小的、测量结果一致性程度高的项目。

1. 积差相关法测量数据的可靠性

在体质健康测量中常用积差相关法估计测量的可靠性。积差相关法适用于两组变量间可靠性的计算。只有在样本容量足够大且测量过程中不存在系统误差时才可以使用此方法。积差相关系数反应两组变量间的关联程度，是描述两变量间线性相关程度的数量性指标。积差相关系数通常用符号(γ)表示，γ为正数时被称为正相关，γ为负数时被称为负相关。$\gamma=0$ 表示完全不相关；$\gamma=1$ 表示完全正相关；$\gamma=-1$ 时表示完全负相关。γ的绝对值$|\gamma|$越接近于1，两变量之间的相关程度就越高。

2. 影响测量可靠性的因素

影响测量可靠性的因素一方面来自测量本身，另一方面来自受试者自身。因此，我们可以将影响因素归纳为以下几个方面。

（1）测量误差。包括测量的随机误差和抽样误差等，是影响测量可靠性的直接因素。一般而言，测量误差越大，测量的可靠性越低。所以，测试者应该尽量减少测量误差，提高测量的有效性。

（2）受试者的个体差异。不同受试者的个体差异和能力水平会影响测量的可靠性系数。体质健康测量中对具体运动技术的测量受个体差异的影响较大，若受试者的技术水平较为稳定，其测量的可靠性也较高，相反则会降低测量的可靠性。

（3）重复测量的具体时间间隔。对身体素质等相关指标进行重复测量时，可靠性大小会受间隔时间长短的影响。例如，有些指标若在同一天内进行多次测量，测量结果不会有较大差别，但若间隔一段时间后再施测，结果就会发生较大的变化。因此，利用同一天内多次测量的结果估计测量的可靠性，便会高估测量的可靠性系数。所以，测试者应该合理估计重复测量的时间间隔，避免可靠性系数出现高估或低估的倾向。

（4）测量的类型与容量大小。可靠性系数的大小受测量类型的影响，通常情况下，定量指标（如高度、远度、力量等）的可靠性高于定性指标（如心理素质、社会适应能力等）。针对不同指标类型的测量试验应该规定具体的使用范围，保证各自的可靠性。测量容量的大小也会影响测量的可靠性系数。通常通过增加测量的容量来提高测量的可靠性，但测量容量不宜过大，因为当测量容量达到一定限度后，可靠性系数将不会再增加。

(三)测量数据的有效性

有效性通常用来反映某一测验是否达到相应的测量目的,实现了测量效果。例如,我们采用受试者50米跑的成绩衡量其短距离跑的速度,其测量数据的有效性就较高;而用50米跑的成绩衡量其耐力,则有效性就很低,甚至测量数据完全是无效的。任何一项体质健康标准的颁布都要衡量其所采用的指标是否具有较强的针对性,能否对身体形态、机能或身体素质进行有效的评价,准确测出受试者该方面的特性。

1. 测量数据有效性的检验方法

一般可以采用逻辑分析法、积差相关法对测量数据的有效性进行检验。

(1)逻辑分析法。逻辑分析法较为简便易行,相关专家和研究人员根据自身的专业知识与长期的实践经验,采用逻辑推理的方式判断测量的内容效度和结构效度,分析测量样本对总体属性的代表性程度。逻辑分析法是现实条件下较为常见的一种有效的方法。

(2)积差相关法。积差相关法同样适用于计算校标的有效性。有效性的高低通过计算测量数据与校标选择之间的相关系数来确定。

2. 影响测量有效性的因素

(1)测量的可靠性。测量的有效性和可靠性之间具有明确的数量关系,可靠性系数的平方根大于等于同一测量的有效性系数。若一项测量的有效性高,其可靠性一定高。同样地,若一项测量的可靠性不高,其有效性一定不会高。因此,我们在检验测量的有效性之前需要保证测量的可靠性。

(2)样本的容量和代表性。样本是测试者按照一定的规则从测试总体中随机抽取的能代表总体特征的一个小群体。样本容量是样本中所包含的个体数。通常情况下,样本量容量较大且具有代表性,才能够保证测量的有效性。

(3)测量的区分度和难度。测量的区分度通常表示为测量对受试者差异的分辨能力。一般情况下,区分度越高,有效性越高。而区分度的大小受到测验难度的影响,测验难度不宜过高或过低,中等难度水平的测验一般具有较高的区分度。在体质健康测量的过程中,需要选择适宜的测验难度,不仅使测验区分度达到相应的要求,而且能够提高测量的有效性。

（4）效标的选择。效标用于衡量一个测验是否有效,是一种外在的、客观的参考标准。效标有效性通常用所选用的测量指标与实际效标之间的关联程度表示,效标有效性的提出被用来检验被测事物的有效程度。在实际的体质健康测量中,非常重视对具体效标的选择,常用的效标有最佳体育运动成绩、体育平均成绩等。效标的选择应该充分考虑测量的目的、要求、特点,选择可靠性高的效标,保证测量的有效性。

第二节 体质健康评价的基本理论

体质健康评价就是对体质健康测量的信息结果进行分析,判断其价值,赋予其实际意义的过程。评价的目的在于获取真正有价值的信息,合理判断和解释受测对象的体育行为和能力,使体质健康测量更好地为人们开展体育运动实践提供指导。对体质健康测量各方面的信息进行综合性的评级,能够提升教学训练的效果,改进教学训练的质量。体质健康评价涉及判断受测者的身体特征(如身体形态、机能等)、心理特征(如环境适应能力、智力水平等)。通过具体的评价,有针对性地为学生、运动员、人民群众制订教学计划、运动方案和处方,促进全民参与体育运动实践,增强体质健康。

一、体质健康评价的参照标准

常用的体质健康评价参照标准根据测量的不同目的任务、指导思想被分为效标参照标准、常模参照标准和个性参照标准。

（一）效标参照标准

效标参照标准也称为"理想标准",属于绝对评价标准,是根据某个理论模式或事物变化趋势的预测结果制定的,用于评价个体某种技术水平、掌握运用该技术的能力、人体生物学的标准值等。[①] 这一参照标准反映了受试者的实际水平,评价受试者是否达到某一客观目标。绝对评价标准对标准的制定、评价方法、测量数据的科学性水平要求很高,一旦确定不应随意变更,例如,判断学生是否具有某种运动能力宜采用此标准。

(二)常模参照标准

常模参照标准与效标参照标准对应,属于相对评价标准,客观描述了个体某水平在群体中的相对位置,可用统计学的程序加以确定。例如,对比不同学生之间运动耐力的差异宜采用此标准。

(三)个性参照标准

个性参照标准是时间序列评价标准的一种,充分考虑了不同个体所处的环境和条件,重视个体的差异和调动个体参与体育实践活动的积极性,评价个人在参与体育活动前后某些观测值的变化情况。

对体质健康进行评价可以采用多种标准,从多种角度判断受测对象的情况,但不管采用哪种标准,都要以实现具体的实验目的为目标。

二、体质健康评价的基本形式

(一)诊断性评价

诊断性评价又称"事前评价",其主要目的包括三方面内容。
(1)在受试者进行体育训练之前,了解受试者身体素质、专项运动技术水平的初始情况和体育基础知识的现有掌握情况。
(2)了解受试者的学习动机、运动兴趣和具体的学习要求等。
(3)根据诊断性评价的结果,为受试者提供有针对性的教学训练计划和内容。

测试者可以通过编制具体的身体素质测验、基础知识测验来获取相关信息,也可以编写动机、兴趣等咨询量表获取信息,从而进行进一步

---

① 张金铭.体质健康测评的基本理论与方法研究[M].北京:中国水利水电出版社,2017.

的诊断性评价。在正式训练之前进行诊断性评价，可以将原定目标与学生的实际情况相结合，使教学训练活动的安排更加合理。

（二）过程性评价

过程性评价又称"中间评价"，其评价工作贯穿整个教学和训练过程。教师或教练员通常将长期的教学训练过程划分为短期的不同阶段，以便更好地掌控学生的学习情况，开展训练教学计划。过程性评价就是随着教学活动的开展，依据不同教学阶段的具体目标和评价参考标准编制的若干测验。具体程序一般为先获得受试者的不同训练信息，并将此信息与短期目标的要求进行比较，判断其是否达到训练目标，再将判断结果反馈于教学训练。

过程性评价的主要目的在于发现教学过程中的问题，查看前一阶段的教学训练是否达到应有的效果，从而实现对教学训练的动态管理和控制。过程性评价在体质健康测量中起着重要的作用，对测试者和受试者都有很大益处。

（三）综合性评价

综合性评价又称"事后评价"，一般在教学训练结束后使用，以教学训练的总任务为参考标准，对教学训练效果进行评价。综合性评价主要是为了评价受试者的最终成绩，了解受试者在训练前和训练后的成绩差异，考察教学训练的最终效果。

综合性评价作为一种对结果的事后评价，除了可以评价受试者的项目成绩，还可以涉及对教师或教练员教学能力的考察等，为接下来体质健康的促进活动提供更为准确的反馈信息。

三、体质健康评价的科学方法

评价方法即制定评价标准的具体方法，评价方法应遵循科学性原则，要想选择出正确的评价方法，必须深入了解各评价方法的特点和应用条件，体质健康评价的方法主要包括以下三种。

（一）离差法

离差法是以原始测量值的平均数为参照点，以标准差为单位进行计算的，只有符合正态分布或近似正态分布的原始观测值才能采用离差法进行评价标准的制定。

1. 利用离差法制定评分标准

（1）Z分数。Z分数作为标准分数的一种，它通常以0分（平均数）为参照点，1分（标准差）为相等单位。Z分数的计算公式为

$$Z = \frac{x - \bar{x}}{S} \quad （测量值越大相应Z值越高）$$

标准正态分布的范围在 $\bar{x} \pm 5$ 内，Z分数范围为 $-5 \sim 5$。Z分数有正有负，当测量值比平均数大时，Z分数为正数，当测量值比平均数小时，Z分数为负数。由于Z分数存在负数情况，不容易被大众理解，因此在现实生活中很少直接利用Z分数，而是将其转换为其他的标准分数。

（2）T分数。T分数是将Z分数进行线性转换得到的，以50分（平均数）为参照点，10分（标准差）为相等单位。T分数的计算公式为

$$T = 10Z + 50$$

T分数范围在0至100，保留了Z分数具有可比较性的优点，同时避免了Z分数的负数情况，在实际应用中比Z分数的应用更为广泛。

（3）标准百分。标准百分由标准分数演变而来，得到标准百分这一数值一般包括确定评分范围（即全距，一般定为 $0 \sim 100$），明确原始数据的取值范围（通常用 $\bar{x} \pm KS$ 表示，K 为常数，可取 $K=2.5$，$K=3$ 或 $K=5$），然后再按相应比例进行转换。标准百分的计算公式为

$$标准百分 = 50 + \frac{50(x - \bar{x})}{KS}$$

标准百分的范围通常在 $0 \sim 100$，原始数据范围多在 $\bar{x} \pm 3S$ 之间，根据正态分布的理论可知，此范围已包括99%以上的数据。此时，标准分数的计算公式转换为

$$标准百分 = 50 + \frac{50(x - \bar{x})}{3S}$$

2.利用离均差划分评价等级

根据不同测量的不同评价目的,利用离均差可将评级等级划分为3级、4级或5级,其中5级最为常见。上述提到的综合性评价(事后评价)通常以优、良、中、下、差5个等级为标准,而过程性评价(中间评价)通常以3个等级为标准。不论是采用3级等级评价还是5级等级评价,测量总体都应遵循正态分布"中间大,两头小"的特点,使大多数受试者处于中等水平,少数的受试者处于优或差的区间范围。

(二)百分位数法

百分位数法不仅仅局限于符合正态分布的观测值,非正态分布的观测值也可以使用此方法进行计算。百分位数法以原始观测值的中位数作为参照点,以百分位数作为单位。若测量样本为大样本,使用百分位数法进行标准制定简单而客观,因此,目前此方法的应用较为广泛。

1.百分位数法制定评分标准

在以百分位数法制定的评分标准中,百分制的分值对应于每个测量值的百分位数。百分位数的计算公式为

$$P_X = L_X + \frac{i}{F_X}\left(\frac{X \times N}{100} - C_{x-1}\right)$$

上述公式中,P_X为第X百分位数,L_X为百分位数所在组的下限,X为求得的百分位数的秩次,F_X为第X百分位数所在组的频数,C_{x-1}为上组的累计频数,i为组距,N为样本容量。

2.百分位数法划分评价等级

采用百分位数法划分评价等级包括以下步骤。
(1)确定要划分的评价等级数(3级、4级或5级)。
(2)从理论上确定各评价等级人数的百分数。
(3)以各等级人数百分比为标准确定各等级分界点。

(三)累计计分法

累计计分法仅适用于原始的观测值属于正态分布或渐进正态分布的情况。累计计分法作为一种非线性量表,根据正态分布理论建立抛物

线方程,其计分间距随测量值的增加而累加。因此,制定出的评价标准不仅可以评判受试者成绩的进步幅度,也可以评判成绩进步的难度。相应的累计计分法的计算公式为

$$Y=KD^2-Z$$

上述公式中,Y表示为累计分数,K为系数,D为某成绩在正态曲线横轴上所对应的位置,Z为基分点以左分数。

最终按照科学的方法制定出的评价标准需要满足以下三要素。

(1)评价参照点。评价参照点可分为绝对零点和相对零点。

(2)评价单位。评价单位表示评价量表中各分值之间的间距。间距不变被称为"标准分",间距递进被称为"累进量表"。

(3)评价全距。评价数据的取值范围,是评价数据最大值与最小值之间的差。全距涉及范围较广,包含了被评价的所有数据。

第三节 青少年体质健康测评的主要内容

现阶段,我国青少年的体质健康水平呈现整体下降的趋势,体质健康测评作为衡量个人体质健康状况的手段备受关注,青少年体质健康测评的内容主要包括人体形态测评、身体机能测评和身体素质测评。

一、人体形态测评

人体形态测评是对人体外形和结构进行的测评,测量过程需要借助专业的测量仪器。在具体的人体形态测量中,需要根据人体形态的结构特点对人体各部位的解剖学位置进行准确定位。人体测量的基本点是根据人体的骨质特性、皮肤结构等原则确定的人体形态的主要测量位置。在青少年的人体形态测量中,主要涉及头顶点、乳头点、脐点、跟点等测量点(图7-1)。

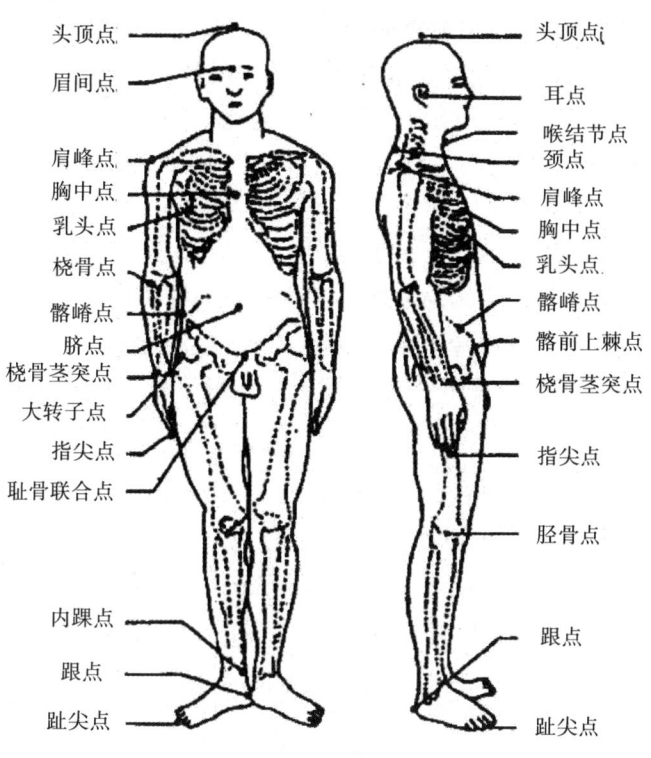

图7-1 人体形态的基本测量点(正面、侧面示意图)[1]

(一)身高、体重测评

青少年人体形态的正常发育与种族遗传、营养摄入、内分泌状况、家庭学校的生活环境、日常体育锻炼等密切相关。青少年的形态发育状况通常以身高、体重等指标和指标之间的关系来判断。正常发育时,年龄和体格的成长状态是相互适应的,青少年在青春期的某段时间发育特别快,体格每年以可见的速度增长。

1. 身高

身高反映了人体的纵向形态结构和发育水平,青少年的身高通常受遗传、性别、营养、体育锻炼等因素的影响。

(1)身高的测量。身高指人体垂直站立时,从头顶点到跟点的垂直距离。准确测量青少年的身高需要采用身高计立柱测量仪器。进行身

---

[1] 邵象清.人体测量手册[M].上海:上海辞书出版社,1985.

高测量时,需要选择平坦和靠墙的位置放置身高计立柱,并将立柱的刻度尺面向光源,使测试者能够清晰获取刻度尺的具体数据。测试者需要提醒受试者背靠立柱,使足跟、肩胛骨间靠近立柱,并将水平压板下滑至头顶,保持双眼视线与立柱刻度尺数据位于同一水平面,读数并记录最终数据。

（2）身高的评价标准。一般情况下,身高的测量单位为厘米,并精确到小数点后一位。中国绘制出了学生的身高评价表(表7-1)。

表7-1 中国学生身高(单位：厘米)百分位数评价表[①]

性别	年龄/岁	P_{10}	P_{25}	P_{50}	P_{75}	P_{90}	P_{97}
男	7	114.7	118.4	122.6	126.7	130.3	134.2
	8	120.2	124.0	128.1	132.3	136.0	140.0
	9	124.6	128.5	132.8	137.1	141.1	145.4
	10	129.4	133.5	137.8	142.4	146.7	151.3
	11	133.7	138.0	142.8	147.9	152.7	157.8
	12	138.3	143.2	148.6	155.0	161.0	166.2
	13	144.8	150.5	157.4	163.8	168.7	173.5
	14	151.5	157.4	163.4	168.5	172.9	177.0
	15	157.8	162.3	167.0	171.5	175.6	179.8
	16	161.1	165.0	169.2	173.5	177.3	181.5
	17	162.4	166.1	170.1	174.3	178.1	182.3
	18	162.3	166.0	170.1	174.5	178.3	182.2
	19	162.1	166.0	170.0	174.0	178.0	181.0
女	7	114.0	117.5	121.5	125.6	129.2	133.0
	8	118.7	122.6	126.9	131.1	135.0	139.0
	9	123.8	127.8	132.4	137.0	141.4	146.0
	10	129.1	133.3	138.5	143.6	148.4	153.2
	11	135.0	139.5	145.0	150.2	154.9	159.2
	12	140.6	145.5	150.6	155.2	159.3	163.2
	13	146.0	150.2	154.5	158.7	162.2	165.9

① 刘星亮.体质健康概论[M].武汉：中国地质大学,2010.

续表

性别	年龄/岁	P_{10}	P_{25}	P_{50}	P_{75}	P_{90}	P_{97}
女	14	149.3	152.7	156.7	160.5	164.0	167.5
	15	150.4	153.8	157.6	161.4	165.0	168.3
	16	151.3	154.6	158.3	162.1	165.6	169.0
	17	151.4	154.8	158.5	162.2	166.0	169.5
	18	151.4	154.6	158.3	162.1	165.8	169.0
	19	152.0	155.0	158.8	162.2	165.8	169.5

2.体重

体重用来衡量人体肌肉、骨骼、内脏器官等重量的发展变化，反映人体的营养状况和发育状况。体重会受到遗传、性别、家庭经济条件等因素的影响。

（1）体重的测量。体重指人体的净重，体重的测量需要使用标准体重计，被测者应该光脚、身着薄衣裤站立在体重计的中间位置，待体重计的刻度尺稳定在水平位置后，测试者读数并记录数据。

（2）体重的评价标准。一般情况下，体重的测量单位是千克，测量结果精确到小数点后一位。体重过胖、过瘦都不利于健康。

在医学上，人体关于胖瘦的健康状况是有具体标准的。国际通用的标准体重的计算公式为：标准体重（单位：千克）= 身高（单位：厘米）-100。我国根据自己国民的体质状况，将公式修改为：标准体重（单位：千克）= 身高（单位：厘米）-105。女性按照上述公式计算出标准体重后需要再减去 2～3 千克，才将其作为最终的标准体重，且增重、减重幅度在标准体重 10% 的范围以内都属于正常。若所测体重超过标准体重的 10% 为"超重"；超过 20% 为"肥胖"；低于 10% 为"体重较轻"；低于 20% 为"消瘦"。

（二）身体匀称度指标在人体形态测评中的应用

2015 年全国学生体质健康的调研结果表示，在今后很长一段时间里，我国青少年的体重将进一步增加，肥胖学生越来越多。针对这一状况，《国家学生体质健康标准》规定了从小学到大学阶段身高、体重的正常范围，并采用身高标准体重这一人体形态测量指数对学生的身体匀称度进行评价。

身高标准体重作为一项评价人体形态发育、营养状况与身体匀称度的重要指标,通过身高与体重的关系反映人体的围度、宽度、厚度等。测试者可以通过查看教育部、国家体育总局颁布的《国家学生体质健康标准》中的身高标准体重评分表(表7-2),直接判断学生的体型的匀称度。若受试者测得的身高标准体重数值不在同年龄段正常身高标准体重的范围内,则说明受试者的身体匀称度较差,需要通过改善饮食或参加体育锻炼适当地增加体重或减少体内多余的脂肪。身高标准体重的应用可以较为精准地反映学生的肥胖状况,促进学生关注自身的人体形态和体重健康状况。

表7-2 大学一年级至大学四年级男生身高标准体重(体重单位:千克)[1]

身高段/厘米	营养不良 50分	较低体重 60分	正常体重 100分	超重 60分	肥胖 50分
144.0 ~ 144.9	<41.5	41.5 ~ 46.3	46.4 ~ 51.9	52.0 ~ 53.7	≥ 53.8
145.0 ~ 145.9	<41.8	41.8 ~ 46.7	46.8 ~ 52.6	52.7 ~ 54.5	≥ 54.6
146.0 ~ 146.9	<42.1	42.1 ~ 47.1	47.2 ~ 53.1	53.2 ~ 55.1	≥ 55.2
147.0 ~ 147.9	<42.4	42.4 ~ 47.5	47.6 ~ 53.7	53.8 ~ 55.7	≥ 55.8
148.0 ~ 148.9	<42.6	42.6 ~ 47.9	48.0 ~ 54.2	54.3 ~ 56.3	≥ 56.4
149.0 ~ 149.9	<42.9	42.9 ~ 48.3	48.4 ~ 54.8	54.9 ~ 56.6	≥ 56.7
150.0 ~ 150.9	<43.2	43.2 ~ 48.8	48.9 ~ 55.4	55.5 ~ 57.6	≥ 57.7
151.0 ~ 151.9	<43.5	43.5 ~ 49.2	49.3 ~ 56.0	56.1 ~ 58.2	≥ 58.3
152.0 ~ 152.9	<43.9	43.9 ~ 49.7	49.8 ~ 56.5	56.6 ~ 58.7	≥ 58.8
153.0 ~ 153.9	<44.2	44.2 ~ 50.1	50.2 ~ 57.0	57.1 ~ 59.3	≥ 59.4
154.0 ~ 154.9	<44.7	44.7 ~ 50.6	50.7 ~ 57.5	57.6 ~ 59.8	≥ 59.9
155.0 ~ 155.9	<45.2	45.2 ~ 51.1	51.2 ~ 58.0	58.1 ~ 60.7	≥ 60.8
156.0 ~ 156.9	<45.6	45.6 ~ 51.6	51.7 ~ 58.7	58.8 ~ 61.0	≥ 61.1
157.0 ~ 157.9	<46.1	46.1 ~ 52.1	52.2 ~ 59.2	59.3 ~ 61.5	≥ 61.6
158.0 ~ 158.9	<46.6	46.6 ~ 52.6	52.7 ~ 59.8	59.9 ~ 62.2	≥ 62.3
159.0 ~ 159.9	<46.9	46.9 ~ 53.1	53.2 ~ 60.3	60.4 ~ 62.7	≥ 62.8

---

[1] 闫立新.大学生体质测试指导与测试分析研究[M].北京:知识产权出版社,2013.

续表

身高段/厘米	营养不良 50分	较低体重 60分	正常体重 100分	超重 60分	肥胖 50分
160.0 ~ 160.9	<47.4	47.4 ~ 53.6	53.7 ~ 60.9	61.0 ~ 63.4	≥63.5
161.0 ~ 161.9	<48.1	48.1 ~ 54.3	54.4 ~ 61.6	61.7 ~ 64.1	≥64.2
162.0 ~ 162.9	<48.5	48.5 ~ 54.8	54.9 ~ 62.2	62.3 ~ 64.8	≥64.9
163.0 ~ 163.9	<49.0	49.0 ~ 55.3	55.4 ~ 62.8	62.9 ~ 65.3	≥65.4
164.0 ~ 164.9	<49.5	49.5 ~ 55.9	56.0 ~ 63.4	63.5 ~ 65.9	≥66.0
165.0 ~ 165.9	<49.9	49.9 ~ 56.4	56.5 ~ 64.1	64.2 ~ 66.6	≥66.7
166.0 ~ 166.9	<50.4	50.4 ~ 56.9	57.0 ~ 64.6	64.7 ~ 67.0	≥67.1
167.0 ~ 167.9	<50.8	50.8 ~ 57.3	57.4 ~ 65.0	65.1 ~ 67.5	≥67.6
168.0 ~ 168.9	<51.1	51.1 ~ 57.7	57.8 ~ 65.5	65.6 ~ 68.1	≥68.2
169.0 ~ 169.9	<51.6	51.6 ~ 58.2	58.3 ~ 66.0	66.1 ~ 68.6	≥68.7
170.0 ~ 170.9	<52.1	52.1 ~ 58.7	58.8 ~ 66.5	66.6 ~ 69.1	≥69.2
171.0 ~ 171.9	<52.5	52.5 ~ 59.2	59.3 ~ 67.2	67.3 ~ 69.8	≥69.9
172.0 ~ 172.9	<53.0	53.0 ~ 59.8	59.9 ~ 67.8	67.9 ~ 70.4	≥70.5
173.0 ~ 173.9	<53.5	53.5 ~ 60.3	60.4 ~ 68.4	68.5 ~ 71.1	≥71.2
174.0 ~ 174.9	<53.8	53.8 ~ 61.0	61.1 ~ 69.3	69.4 ~ 72.0	≥72.1
175.0 ~ 175.9	<54.5	54.5 ~ 61.5	61.6 ~ 69.9	70.0 ~ 72.7	≥72.8
176.0 ~ 176.9	<55.3	55.3 ~ 62.2	62.3 ~ 70.9	71.0 ~ 73.8	≥73.9
177.0 ~ 177.9	<55.8	55.8 ~ 62.7	62.8 ~ 71.6	71.7 ~ 74.5	≥74.6
178.0 ~ 178.9	<56.2	56.2 ~ 63.3	63.4 ~ 72.3	72.4 ~ 75.3	≥75.4
179.0 ~ 179.9	<56.7	56.7 ~ 63.8	63.9 ~ 72.8	72.9 ~ 75.8	≥75.9
180.0 ~ 180.9	<57.1	57.1 ~ 64.3	64.4 ~ 73.5	73.6 ~ 76.5	≥76.6
181.0 ~ 181.9	<57.7	57.7 ~ 64.9	65.0 ~ 74.2	74.3 ~ 77.3	≥77.4
182.0 ~ 182.9	<58.2	58.2 ~ 65.6	65.7 ~ 74.9	75.0 ~ 77.8	≥77.9
183.0 ~ 183.9	<58.8	58.8 ~ 66.2	66.3 ~ 75.7	75.8 ~ 78.8	≥78.9
184.0 ~ 184.9	<59.3	59.3 ~ 66.8	66.9 ~ 76.3	76.4 ~ 79.4	≥79.5
185.0 ~ 185.9	<59.9	59.9 ~ 67.4	67.5 ~ 77.0	77.1 ~ 80.2	≥80.3
186.0 ~ 186.9	<60.4	60.4 ~ 68.1	68.2 ~ 77.8	77.9 ~ 81.1	≥81.2
187.0 ~ 187.9	<60.9	60.9 ~ 68.7	68.8 ~ 78.6	78.7 ~ 81.9	≥82.0

续表

身高段/厘米	营养不良 50分	较低体重 60分	正常体重 100分	超重 60分	肥胖 50分
188.0 ~ 188.9	<61.4	61.4 ~ 69.2	69.3 ~ 79.3	79.4 ~ 82.6	≥ 82.7
189.0 ~ 189.9	<61.8	61.8 ~ 69.8	69.9 ~ 79.9	80.0 ~ 83.2	≥ 83.3
190.0 ~ 190.9	<62.4	62.4 ~ 70.4	70.5 ~ 80.5	80.6 ~ 83.6	≥ 83.7

注：身高低于表中所列出的最低身高段的下限值时，身高每低1厘米，实测体重需加上0.5千克，实测身高需加上1厘米，再查表确定分值。身高高于表中所列出的最高身高段时，身高每高1厘米，其实测体重需减去0.9千克，实测身高需减去1厘米，再查表确定分值。[1]

二、身体机能测评

身体机能指构成人各个器官、系统的统一整体所表现出来的生命活动能力。身体机能测评的主要目的在于应用相关测试和医学方法监测和计量人体在不同情景下主要器官系统的机能水平。其测量一般涉及循环机能、呼吸机能、感觉机能三个方面。接下来，我们主要介绍一些在青少年体质健康测量中常见的项目。

（一）循环系统机能测评

由心脏和血管闭锁管道组成的人体循环系统的功能状态反映了个体的发育水平和体质健康状况。其中，最常用台阶测验了解人体在运动前后的心血管系统功能。台阶试验作为一项定量负荷的机能测验，通过受试者的左右腿在台阶上轮换踏跳来测试人体的心血管功能。台阶试验是在一定时间内（如180秒）完成固定的负荷，测试者根据受试者恢复正常心跳频率的快慢计算出相应指数，通过计算出的指数反映心脏对运动负荷的承受能力。

经常参加有氧运动（如游泳、跑步、篮球等项目）能够有效提高心血管系统的机能水平，提高个体的体质健康状况。其在台阶试验中的具体表现为完成台阶试验的定量负荷工作时能迅速调动心血管系统的活动，

---

[1] 闫立新. 大学生体质测试指导与测试分析研究[M]. 北京：知识产权出版社，2013.

心跳脉搏频率下降,当试验结束后,运动后恢复期较短,心跳脉搏的搏动次数能够较快恢复到安静状态,导致台阶试验指数大小有所提升。根据相关研究结果显示,相较于心肺适应能力弱的人,心肺适应能力强的人在运动后恢复期的心跳频率更低。就目前而言,台阶试验称不上是最好的心肺功能评价方法,但它应用广泛,有其显著优势:身体条件有差异的广大人民群众均可以在室内进行台阶试验,并且试验持续的时间较短,不需要借助专业的体育器材设备。

1. 台阶试验的测量

男生进行台阶试验时,需要用高 40～50 厘米的台阶,女生需要用高 30～35 厘米的台阶,台阶也可以用具有相同高度的凳子代替。测试时,受试者站在台阶前方,按照节拍器固定节奏频率(每分钟 120 拍)的提示音进行左右腿的轮换踏跳。节拍器每响一下,受试者需要踏一次。受试者从预备姿势开始,第一声响时将一只脚踏在台子上;第二声响时将踏在台子上的腿伸直的同时将另一只脚踏在台子上,即双脚同时站立在台子上;第三声响时先踏在台子上的脚放下来落于地面;第四声响时另一只脚落于地面,恢复到预备的姿势。整个台阶测试需要持续三分钟,每两秒钟上下各踏一次(图 7-2)。

图 7-2 台阶试验操作示意图

待受试者运动完毕,测试者应命令受试者立即坐在椅子上,并在受试者的中指前方夹上测试仪的指脉,测试仪将收集受试者的三次脉搏数,运动后 1 分钟至 1 分钟 30 秒、2 分钟至 2 分钟 30 秒、3 分钟至 3 分钟 30 秒三个阶段的恢复期心率,并显示台阶试验指数,测试者读出数据并将其结果记录下来即可。

2. 台阶试验的评价

完成同样的运动量,心跳脉搏频率越快,台阶试验指数越小,人体的心血管功能越低,相反,台阶试验指数越大,人体的心血管功能越高。

台阶试验指数的计算公式为

$$台阶试验指数 = \frac{运动持续时（秒）\times 100}{(f_1+f_2+f_3)\times 2}$$

具体的台阶试验评价可参见台阶试验评价标准表格(表7-3)。

表7-3 台阶试验评价标准

年级	性别	优		良		及格		不及格
		20分	17分	16分	15分	13分	12分	10分
初中一年级	男	64分以上	63~59	58~53	52~48	47~46	54~40	<39
	女	63分以上	62~57	56~50	49~45	44~43	42~38	<37
初中二年级	男	64分以上	63~58	57~52	51~47	46~45	44~40	<39
	女	59分以上	58~55	54~49	48~45	44~43	42~39	<38
初中三年级	男	61分以上	60~57	56~52	51~47	46~45	44~41	<40
	女	58分以上	57~54	53~49	48~46	45~44	43~40	<39
高中一年级	男	64分以上	63~59	58~53	52~49	48~47	46~41	<40
	女	59分以上	58~55	54~50	49~46	45~44	43~40	<39
高中二年级	男	63分以上	62~59	58~53	52~49	48~46	45~41	<40
	女	58分以上	57~54	53~49	48~45	44~42	41~39	<38
高中三年级	男	61分以上	60~57	56~51	50~47	46~45	44~41	<40
	女	57分以上	56~54	53~49	48~45	44~43	42~39	<38

(二)呼吸系统机能测评

在青少年体质健康测评中,对呼吸系统这一机能的测评主要依赖于肺活量这一指标。肺活量指在没有时间限制的情况下,最大吸气后再缓慢吐气所产生的气体量。肺活量是反映肺容积和呼吸能力的有效指标,在《学生体质健康标准》中肺活量测试已经被列为必测项目。

1. 肺活量测量

肺活量的测量需要使用肺活量计(0 ~ 10 000毫升)。在进行肺活量测试时,受试者应站立在肺活量计前,做1 ~ 2次深呼吸之后手握吹气嘴,对准口嘴做最大呼气。一般情况下,每人可测两次,取最佳成绩为最终成绩。在测量过程中,需要注意测量使用的吹嘴需要是一次性的。

2. 肺活量评价

肺活量的大小与体重、胸围等因素有关,并受个体差异影响较大,通常男生的肺活量高于女生。在《学生体质健康标准》中选用肺活量 - 体重指数测量青少年学生的肺脏机能。肺活量 - 体重指数的计算公式为:肺活量体重指数 = 肺活量(毫升)/ 体重(千克)。肺活量体重指数是人体测量的复合指标之一,通过肺活量与体重的比值反映两者间的相关,从而实现对不同年龄、性别个体或群体的定量比较,具有很高的参考价值。

(三)感觉系统机能测评

感觉体现了人体的神经系统对外界刺激的反应。动作技能的形成离不开各种感觉能力的发展。在各种体育活动项目中,人体实现各种动作都要通过感受器产生兴奋信号,兴奋信号经传入神经到大脑皮层,再从传出神经到对应的效应器,从而引发最终的肌肉运动。感觉可分为内部感觉和外部感觉。常见的外部感觉有视觉、听觉、皮肤觉等,常见的内部感觉有运动觉、平衡觉等。对感觉系统机能的有效测量能够使学生或运动员在练习中更快习得运动技术。闭眼单脚站立测验是常见的感觉机能测量指标,主要用来测量受试者的平衡能力。

1. 平衡力测量

采用闭眼单脚站立测验,受试者以优势单脚支撑,非支撑腿离地,双手侧平举,尽量长时间维持平衡姿势并开始计时。若非支撑脚落于地面,则计时结束。计算最终闭眼单脚站立的时间。每位受试者有两次测量机会,以最长时长作为最终成绩。

2. 平衡力评价

男女的平衡能力略有差异,通常女性的平衡能力高于男性,闭眼单脚站立的时间也更长。随着年龄的增长,人体的平衡能力呈下降的趋势,一般情况下,男女闭眼单脚站立的时长最高可达 150 秒。

三、身体素质测评

身体素质是在各项体育活动中表现出来的速度、力量、耐力等能力。身体素质的好坏能有效衡量人体体质的健康水平和运动机能的好坏。我国针对不同人群会采用不同的身体素质指标对其体质进行监测。幼儿——立定跳远、坐位体前屈、走平衡木、网球投掷等;20 ~ 39 岁成年人——纵跳、背力、俯卧撑(男)、仰卧起坐(女)往返跑、选择反应时等。本节主要介绍下速度素质测评和力量素质测量。

(一)速度素质测评

速度素质指人体进行快速运动的能力,一般可分为三种类型:反应速度、动作速度、位移速度。反应速度指人体对外界刺激(如声信号、光信号等)进行应答的速度。本节主要介绍反应速度的测评。

1. 反应速度测量

在青少年体质健康测评中常采用选择反应时测量受试者的反应速度。测量过程中需要使用电子反应时测试仪。在测量过程中,受试者需要坐在桌边,将手臂平放于桌面,掌心朝下,手指伸出桌边 8 ~ 10 厘米,做好准备。测试人员站在受试者前,单手捏住尺子上端,将尺子下端放在受试者的拇指与食指之间,并要注意尺子不得触碰到受试者的手指。尺子的 0 点基线与受试者拇指食指连线处于同一水平。"预备"口令后,测试者松手,尺子急速下降,受试者应在最短时间内捏住尺子,测试人员记录受试者大拇指对应的尺子刻度。施测五次,去掉最高值和最低值,记录剩下三次受试者的平均成绩作为最终成绩。应注意在正式测量前进行 3 ~ 4 次的练习,使受试者熟练测试操作。

2.反应速度评价

反应速度的快慢以尺子最终刻度的测量结果为标准,数据值越大说明反应速度越慢,相反则反应速度越快。反应速度通过反应时这一便于测量的指标进行描述,男女的反应时一般都在1秒以内,男生的反应时普遍低于女生,反应速度更快。反应时随着年龄的增大而有所增加。

(二)力量素质测评

力量素质是人体肌肉在工作过程中克服内外阻力的能力。在体育测量中对力量素质的测量一般分为相对力量测量和绝对力量测量。相对力量测验(如背肌力测验)以受试者所承受的负荷量与自身体重之比衡量,表示人体单位体重下表现出来的最大力量。绝对力量测验(如举重、测力计等)以受试者所承受的最大负荷衡量个体的力量素质。

对青少年进行力量素质测量通常采用握力测验。《学生体质健康标准》在小学到大学各阶段都设置了握力测验,过去的引体向上指标由于区分度太低而被取代,大部分学生一个引体向上都拉不上去,无法对各学生的力量素质进行比较和评价。而握力与全身的力量密切相关,能够较为准确地反映出学生的力量素质。

1.握力测量

握力测验主要测量受试者手部肌肉力量。在进行测验时,受试者根据自己的手掌大小选择对应的握力计(有大号、中号、小号三种型号),用左手或右手握住握力计并尽力抓握,左右手各测两次,每次抓握后,测试者记录受试者的握力计指针读数(单位:千克)。

2.握力评价

握力与个体体重有关,不同体重学生的握力值有很大差异,为了使对力量素质的评价更为科学、客观,我国舍弃了握力的单一评价法,转用握力体重指数进行评分。握力体重指数的计算公式为:握力体重指数=握力(单位:千克)÷体重(单位:千克)×100。《学生体质健康标准》规定在计算握力体重指数时,测试结果保留一位小数。之后取计算出的指数数值的整数部分,查表进行评分。

第四节　身体质量指数在青少年体质健康评价中的应用

身体质量指数(BMI)简称体质指数,是目前国际上通用的衡量人体体质健康和体型匀称度的标准,并逐渐应用于青少年的体质健康评价体系之中,为青少年的体质健康情况提供了更为科学的评价方法。相关研究表明,在1990~2015年,我国青少年男生的BMI增长了1.62,青少年女生的BMI增长了0.38,超重肥胖给青少年的体质健康带来了巨大的负面影响,使得青少年体质健康水平逐渐下降。

一、身体质量指数的计算

BMI的计算公式为

$$BMI = \frac{体重（单位：千克）}{身高^2（单位：米的平方）}$$

一般先对受试者的身高和体重进行测量,再根据计算公式算出BMI。

二、身体质量指数的组别划分

根据BMI数值,通常将人划分为轻、正常、超重、肥胖四种类型(表7-4)。

表7-4　BMI组别划分标准

组别	BMI标准
轻	BMI<18.5
正常	18.5≤BMI<24.0
超重	24.0≤BMI<28.0
肥胖	BMI≥28.0

三、青少年身体质量指数与体质健康

BMI 主要应用于统计研究，需要采用不同的抽样方法获取不同省市地区的青少年样本，对其进行体质测试，再用数理统计等相关方法分析 BMI 对青少年身体素质的影响。

2020 年，我国吕梁学院体育系的学生为测定和比较青少年男性、女性 BMI 的大小，曾对 4 000 多名山西青少年进行体质检验，测定了握力体重指数、立定跳远、1 分钟仰卧起坐等多项指标，并得出青少年 BMI 与身体素质的描述性统计（表 7-5）。

表 7-5　青少年 BMI 与身体素质的描述性统计

指标	男（n=2060）	女（n=2010）	x^2/t	p
BMI 正常率 /%	68.5	88.0	32.91	0
BMI/ 千克·米$^{-2}$	19.89 ± 3.51	18.76 ± 2.38	3.80	0
握力体重指数	56.84 ± 14.39	47.79 ± 10.73	5.76	0
立定跳远 / 厘米	198.26 ± 36.15	161.00 ± 20.26	12.79	0
1 分钟仰卧起坐 / 个	31.98 ± 9.27	28.27 ± 10.34	3.81	0
坐位体前屈 / 厘米	15.20 ± 4.87	15.56 ± 5.46	-0.11	0.92
50 米跑 / 秒	8.39 ± 1.14	9.21 ± 0.85	-1.87	0.06
20 米折返跑 / 次	46.95 ± 12.95	33.84 ± 11.33	9.16	0

检验结果表明，男子在 BMI、握力体重指数、立定跳远、1 分钟仰卧起坐、50 米跑、20 米折返跑指标上均优于女子，且差异有统计学意义（P<0.05），女子在坐位体前屈指标（15.56 ± 5.46 厘米）上优于男子（15.20 ± 4.87 厘米），但差异不具有统计学意义（P>0.05）。[1] 对山西省青少年 BMI 的相关研究结果表明，相较于青少年女子，青少年男子 BMI 异常率更高，且超重肥胖率较高。

BMI 异常会对体质健康产生一系列负面影响，如下肢爆发力、有氧耐力素质降低等。青少年时期是行为习惯养成的关键阶段，生活习惯、运动习惯等是影响其 BMI 的关键因素，且生活习惯、运动习惯等很可能

---

[1] 林延敏，王吉林，宝音巴图. 体质指数对山西省青少年身体素质的影响分析[J]. 体育科技，2020,41(3):63-65.

保持到成年以后。[1] 由此可见,青少年的体质健康离不开处于正常水平的 BMI 和健康的生活方式。

---

[1] BIDDLE S J H,PEARSON N,ROSS G M,et a1.Tracking of sedentary behaviours of young people: A systematic review[J].Preventive Medicine,2010,51(5):345-351.

第八章　促进青少年体质健康的体育运动方法与手段

在青少年面临繁重的课业压力、体质健康水平每况愈下的今天，人们开始意识到进行体育运动对于改善青少年身体健康状况的重要性，越来越多的体育活动开始进入人们的生活。本章概括了一些促进青少年体质健康的体育运动方法与手段，分三节内容阐述了健步走跑、休闲球类运动、形态塑造运动的相关内容。

第一节　健步走跑

一、健步走

（一）健步走的相关介绍

健步走运动是一项以提升人们的身心健康水平为目的的有氧运动。健步走相较于其他运动最大的优势就是非常简单、容易操作。首先，健步走运动对于场地和器材的限制非常小，几乎可以忽略不计；其次，健步走运动非常容易学习，人们可以快速掌握运动技巧；再者，健步走运动的运动强度比较低，不会因为过于激烈而对人体造成损害；最后，健步走运动对体能的要求比较低，身体比较弱的人群和年龄比较大的人群也非常适合进行健步走运动。

（二）健步走的几种运动姿势

1. 大步走

大步走的走法要求动作的开合程度要大，双臂大幅度摆动，双腿大跨步。大步走能够带动全身大部分肌肉参与运动锻炼,能够很大程度地促进血液循环,提高新陈代谢水平。

2. "十点十分"健步走

"十点十分"的走法就是将双臂抬高至时针在十点十分时呈现的角度,手臂保持这个姿势进行健步走。"十点十分"的走法能够很好地锻炼肩颈部位的肌肉,维持颈椎健康。

3. 进行有节奏的呼吸

健步走过程中应该增加深呼吸的次数,并且使呼吸的节奏和动作相配合。循环往复的呼吸可以加快氧气和肺泡间的红细胞和二氧化碳的交换速率,使全身处于充氧状态,为身体提供充足的氧气。

4. 扭动走法

健步走的过程中可以边扭动身体边向前走,这样做能够锻炼身体腰部和颈部的关节,提升身体的灵活性,扭动身体还能起到按摩身体器官的作用,有利于预防肠胃疾病。

5. 高抬腿走法

高抬腿走法要求在健步走的过程中刻意抬高大腿,这种走法能够很好地锻炼髋腰肌力量。

6. 弹跳走

弹跳走是在健步走的过程中,在一定的距离上,进行前脚掌用力蹬地,使步伐具有弹跳感的行走锻炼方法。旨在强化足部肌肉的弹性,保证足部的健康,延缓脚弓的退化。

7. 倒着走

倒着走也是健步走一种常见的走法,但是倒着走的时候一定要选择安全的场地,保证不对自己或者他人造成伤害。倒着走能够锻炼人体腰部和腿部的肌肉,还可以锻炼人的身体平衡能力。

8. 专注走法

在健步走时保持专注的注意力能够锻炼人的神经系统调节能力,可以有效降低小脑萎缩的风险。

第八章 促进青少年体质健康的体育运动方法与手段

（三）健步走的运动标准

健步走运动和其他的运动一样，需要按照科学的标准进行，根据运动的速度和运动者的年龄，我们提供了两套健步走运动标准，供大家根据自己的体质情况进行选择，见表8-1、表8-2。

表8-1　根据运动速度制定的健步走运动标准[①]

种类	步频/ 步·分钟$^{-1}$	运动时间/分钟	运动距离/千米	建议心率/ 次·分钟$^{-1}$
慢步走	70～90	30～60	3～4	110～120
中速走	90～120	30～60	3～5	120～140
快速走	120～140	30～60	3～6	<安静心率 ×2－年龄
疾速走	140以上	30～60	3～8	<安静心率 ×2－年龄

表8-2　根据运动者年龄制定的健步走运动标准[②]

性别	年龄组/岁	运动距离/千米	完成时间/分钟
男子	20～29	3	22
	30～39	3	22
	40～49	2.5	20
	50～54	2.5	23
	55～59	2	23
	60～65	2	24
女子	20～29	3	23
	30～39	3	23
	40～49	2.5	23
	50～54	2.5	25
	55～59	2	23
	60～65	2	25

---

① 翟兆峰，翟连林，韩露.健步走——全民健身的最佳运动[J].体育科技文献通报，2020，28（12）：43+51.
② 同上。

（四）健步走的注意事项

1. 对自己的身体条件进行科学的评估

在进行健身走运动之前要先对自己的身体素质进行一个科学的评估,有心血管疾病的人群尤其要注意这一点,可以先到医院做一个全面的身体检查,然后再向医生咨询自己是否适合进行健步走运动以及应该保持怎样的运动负荷。因为健身走运动而造成身体不适时,应该及时调整运动的负荷或者停止健身走。

2. 循序渐进

对于运动基础比较弱的新手来说,参加健身走运动要遵循循序渐进的规律,切忌一上来就进行大负荷的运动。应该先保持在较小运动量和运动强度,等到身体完全适应一种运动负荷之后,再逐步增加运动量和运动强度。

3. 其他注意点

每次健步走运动后,不宜马上休息,不宜暴饮止渴,不宜立即洗澡,不宜大量补糖,不宜喝酒解乏。健步走运动结束后,一般以半小时后进餐为宜,以碱性食物为宜。

（五）健步走对于提高青少年体质健康水平的作用

1. 预防心血管疾病

目前,由于受到人们不健康的生活方式的影响,许多疾病开始出现"年轻化"的趋势,心血管疾病便是其中之一。许多青少年因为摄入营养过多或者营养结构不合理,以及运动量不足的问题,出现血液的胆固醇与中性脂肪异常增高的现象,胆固醇渗入血管壁,动脉变硬、变脆、变狭窄,血液流通不畅,容易诱发心肌梗死、脑梗死等。根据权威医学专家的研究,每天进行20分钟以上的健步走运动能够有效地燃烧和分解体内的脂肪,增加体内高密度脂蛋白的含量,而这些高密度脂蛋白能够将体内过多的胆固醇带往肝脏,预防出现动脉硬化的情况。

2. 预防脂肪肝

运动时,肾上腺素、去甲肾上腺素分泌增加,提高脂蛋白酶的活性,促进脂肪分解,减少脂肪在心血管和肝脏中的沉积,从而使脂肪肝得到显著改善。经常进行健走锻炼可以促进血液循环,血可以流到聚积在肝脏众多微血管的末端,提高肝的代谢功能。

3. 保持骨骼健康

受到课业压力的影响以及电子产品的诱惑,现代青少年们在生活中保持最长时间的姿势就是坐姿。长时间保持坐姿不变会对肩颈部位的肌肉形成很大的压力,再加上有些学生的坐姿不正确,有驼背等坏习惯,更容易使背部肌肉和肩胛肌肉的负担过重,出现肩膀僵硬酸痛的症状。减轻久坐带来的身体损害的最有效的方式就是经常进行健步走运动,标准的健步走姿势需要人们抬头挺胸,上臂大幅度摆动,下肢大幅度跨进,这样能够拉直背部肌肉和肩胛肌肉,使肌肉得到锻炼,从而减轻久坐带来的肌肉伤害。

4. 舒缓压力,帮助睡眠

快节奏的生活和高强度的竞争环境,不仅会对成年人造成压力,青少年需要承受的压力也不少,在压力过重的情况下有些青少年还会出现抑郁、失眠的状况。而健步走作为一种运动方式,人们在健步走的时候身体会释放出使人身心愉悦的多巴胺,调节人们的低落心理,增强人们的自信和乐观。另外,健步走能够充分锻炼到人们的双脚,而人们的脚底分布着数量庞大的神经,脚底的交感神经个副交感神经在运动的刺激下交换更加灵活,能够帮助人们消除压力,改善睡眠状态。

5. 健步走对于维持身体健康的其他作用

据研究表明,健步走运动可以预防乳腺癌,在青少年时期就进行健步走并且一直保持这种良好的习惯对于减少绝经前妇女发生乳腺癌的危险具有很大的帮助,健步走运动是预防女性乳腺癌的最佳的运动;经常进行健步走运动还能够提高学生学习的效率,人们在健步走的过程中血液循环会加快,身体的代谢水平也会提升,从而能促进脑细胞功能活化,保持脑循环通畅,提高人们的认知水平;健步走运动还能减肥塑身,经常健步走能够消耗体内的脂肪,锻炼身体的肌肉,长时间坚持具有很好的减肥塑身效果。

二、健身跑

（一）健身跑的相关介绍

健身跑运动是一种常见的有氧运动，其优势是对场地、器材的限制非常少，对人的体质和运动技能的要求也不高，所以适合大部分人群。健身跑运动需要和跑步运动区分开，健身跑属于跑步运动中的"慢跑"，一般不追求更快、更远、更强的比赛成绩和运动能力，而是追求锻炼身体、放松心情，保持身体的健康。

（二）健身跑的相关技术

1. 基本姿势

健身跑运动是一个比较缓和的运动，在健身跑时要保持身体的放松，使身体在自然的状态下舒展。健身跑的步伐迈动频率不必过快，迈动的幅度也不必过大，脚掌落地时的力度要比较柔和，先是整个脚掌落地，而后转为以前脚掌支撑。

2. 呼吸

呼吸是影响健身跑效果的重要因素，掌握科学的呼吸技术对于减少健身跑运动的难度、获得良好的锻炼效果具有非常重要的意义。人们在进行健身跑运动时，身体需要多于平时的氧气供应，因此健身跑时的呼吸频率应该加快，也要多进行深呼吸。其中，深呼吸除了能提供更多的氧气之外，还能够起到调节呼吸节奏的作用，在呼吸紊乱时可以适当进行深呼吸加以调节。一般建议人们在进行建设跑运动时，采取两步一呼、两步一吸或者三步一呼、三步一吸的方式进行呼吸。

3. 基本动作

（1）头部动作。

进行健身跑运动时，头部要保持挺直的动作，目光平行于地面，尽量不要仰头或者低头。这样做是因为头部本来就具有一定的重量，跑步者保持头部平衡时头部的重量由脚掌支撑，不会对身体造成压力；但是如果仰头或者低头，头部的力量就需要由脊椎支撑，容易对脊椎造成伤害。

（2）肩部动作。

健身跑运动中肩膀紧缩的问题是一个非常值得人们注意的问题。在健身跑时，应该主动调整肩膀的姿势，使其保持放松，并且保证牵缩肌和牵引肌之间处于平衡状态。同时，还要注意手部动作，使手掌自然握成半拳状而不能紧握成拳头。

（3）上身动作。

进行健身跑运动时，上半身要尽量保持自然挺拔的状态，头部和上身需要处在同一水平线上，身体可以根据上坡或者下坡的需要进行稍微地倾斜调整。切记身体不能有较大幅度的前倾或者后仰，前倾幅度过大容易导致步长过短或者背部肌肉负担过重；后仰幅度过大容易导致腹部肌肉过于紧张，增加跑步的难度。

（4）臂部动作。

健身跑运动过程中利用双臂的摆动来维持身体的平衡，其正确姿势为：以肩部为轴，双臂前后摆动，注意向前摆动时，双臂应该稍微向身体内侧收缩，向后摆动时，双臂应该稍微向身体外侧外张。双臂的摆动频率还会影响跑步速度的快慢，摆臂的频率越高则跑步的速度越快，摆臂的频率越低则跑步速度越慢。

（5）腿部动作。

健身跑运动中，先要向前迈动小腿，但是要注意小腿是由大腿肌肉发力带动前进的。小腿向前伸的时候，支撑腿部的各个关节要随之伸直。大腿摆动的时候，小腿要保持放松和自然下垂。大腿在向前抬出时，不要拖得时间太长，应该快速下压，小腿应该做前摆动作。

（6）落地动作。

健身跑时的标准落地动作是先用前脚掌接触地面，然后再将整个脚掌置于地面。这样做的目的是减少身体落地时产生的冲击力给人带来的伤害，同时也为下一次后蹬前进创造了条件。

(三)进行健身跑运动时应该注意的事项

1. 跑步之前进行热身准备

运动之前进行适量的热身运动能够给身体一个缓冲的时间，防止身体因为突然进入比较激烈的运动状态而受到伤害。身体在处于非运动状态时，肌肉、关节都在"休眠"，血液循环的速度也相对较慢，如果没有过渡直接使身体开始比较激烈的运动,很容易造成关节磨损、肌肉拉伤、心脏负担过重的情况,伤害身体健康。因此,运动之前的热身准备必不可少,正确的做法是先进行慢走,等身体适应之后再进行一些伸展活动和拉伸活动,放松身体的肌肉,活动全身的关节,使身体做好运动准备。

2. 选择合适的运动环境

健身跑运动虽然对场地的限制比较少,但是为了自身的健康,还是需要选择合适的环境进行运动。尽量避免在空气污染比较严重的时候进行室外健身跑,因为空气中的污染物会被吸入体内,对人的呼吸系统造成损害;同理,过于严寒的天气和雨雪天气也尽量不要在室外健身跑。选择健身跑场地时注意选择不允许车辆通行的公园或者比较宽敞人行道,注意交通安全。

3. 一些其他注意事项

进行健身跑运动之前不能大量进食,尤其是饭后不能立刻开始健身跑运动,这样容易使肠胃负担过重,引起胃痉挛、胃下垂等疾病;健身跑运动之后不能立刻开始休息,和开跑之前的热身运动一样,结束跑步后身体也需要一定的缓冲时间,可以放慢速度开始慢走,再进行一些拉伸活动之后再开始休息;开始健身跑运动也是一个循序渐进的过程,要遵循从慢到快,从短距离到长距离,从短时间到长时间的渐进过程,不可心急伤身。

(四)健身跑对于提高青少年体质健康水平的作用

1. 对于提升心肺功能的作用

(1)心脏。

心脏的工作好比一个泵的作用,它是血液流向全身各处的主要动力装置。心脏主要由心肌细胞所构成。研究证明,长期坚持健身跑的人可促使人体心血管系统的形态、机能和调节能力产生良好的适应性,从而提高人体有氧工作能力。健身跑运动对心血管系统影响主要体现在以下几个方面。

①增加脉搏输出量。进行有氧运动时,需要大量的氧气供给肌肉的收缩运动,而作为血液传输的动力支持,心脏需要加快收缩的频率,加大收缩的幅度来为肌肉供氧。因此,经常进行健身跑运动能够锻炼心脏

的收缩功能,增加脉搏的输出量。

②降低基础心率。经常进行健身跑能够增强副交感神经,从而使人体在安静时的基础心率降低,普通人在安静时的平均心率大概为75次/分钟,但是经常进行健身跑的人在安静时的平均心率大概在60次/分钟。

③心泵的储备功能增强。心泵储备功能的计算方式为:心泵储备功能 = 最大输出量 - 静息输出量。我们已知经常进行健身跑运动的人在静止时候基础心率会降低,假设普通人的最大输出量和经常进行有氧跑运动的人相同,那么可以得出经常进行有氧跑的人的心泵的储备功能增强。

④运动性心脏增大。运动训练可以使心脏增大,而有氧运动使心脏增大主要表现为心室容积的增大。

(2)血管。

人体血管主要包括动脉、毛细血管、静脉三大类,血液在人体中的流通路径为心脏—动脉—毛细血管—静脉—心脏。其中,动脉血管具有血管壁厚、含有大量弹力纤维的特征;毛细血管则是血液和组织细胞进行气体和物质交换的场所;而血液最终要通过静脉流回心脏。长期进行健身跑运动对于血管有以下几种益处。

①降低血压。人们在进行有氧运动时,身体供氧需求量的增加会导致血液循环速度的加快,经常进行有氧运动能锻炼血液的流动功能,使血管扩张,血液流动的阻力减小。经常进行健身跑不仅有降低血压的作用,还有维持血压稳定的作用。

②增强血管壁弹性。有氧健身跑能促进血管里脂肪代谢,血管会变粗,血液自然而然畅通得到提高。

③提高毛细血管中气体交换和物质交换的效率。有氧运动有助于血液携带的氧气、二氧化碳和营养物质通过毛细血管与组织进行气体和物质交换,有助于机体的新陈代谢,不断维持内环境的平衡,助静脉回流量。在运动过程中,骨骼肌的挤压和不参与运动的内脏器官及表皮的毛细血管有助于静脉回流到左心房,静脉回流量有助于心脏做功,可以保证每次搏出量的大小,静脉回流的多少也决定了机体对氧的摄取,决定了机体有氧的工作能力。

(3)血液。

血液是人体中必不可少的部分,起着沟通人体内外部环境、连接机体各个部位的重要作用。进行健身跑运动对血液的影响主要体现在以下几个方面。

①使红细胞的数量增加、变形能力增强。科学研究证明，经常进行健身跑运动的人，体内的红细胞的数量会增加。而红细胞中的血红蛋白是运输氧气和二氧化碳的载体，参与机体的新陈代谢和气体交换，因此经常进行健身跑运动能够加快人体新陈代谢。除此之外，血红蛋白还具有免疫的功能，经常进行健身跑运动也能够增强人体的免疫功能。

经常进行健身跑运动的人体内的红细胞的变形能力也会增强，能够改善体内血液的流动性，增强血液运输氧气的效率。

②改善人体血脂状况。根据研究数据显示，长期进行健身跑运动能够使胆固醇（TC）下降 6.3%、胆固醇（LDL-C）下降 10.1%、胆固醇（HDL-C）升高 5%，TC/HDL-C 下降 13.4%。其规律是增加有用的因子、减少相对没用的因子，增加高密度脂蛋白、减少低密度脂蛋白，从总体上降低了血液中胆固醇的含量，改善了人体的血脂状况。

③增加血液中的碱储备含量。血液中储存的碱能够中和肌肉收缩运动时产生的乳酸，而经常进行健身跑运动能够增加血液中碱的含量，增强人体的抗酸功能，有效推迟因为乳酸堆积带来的身体的疲劳感。

④活化血小板。人们在进行健身跑运动时，体内的红细胞能够释放出 ADP，ADP 能够使血小板活化，活化之后的血小板聚集或者黏附在一起，能够修复血管的微细损伤，提高血管的通透性。

2. 健身跑对于改善青少年体质的其他作用

（1）改善青少年的睡眠状况。青少年在课余生活中进行适当的健身跑运动能够锻炼身体肌肉，缓解因为长期保持坐姿带来的肌肉紧绷状况；进行健身跑运动时能够促进青少年血液循环的加快，使全身血脉畅通，缓解身体的疲惫感；运动时人体会分泌多巴胺，能够使人心情愉悦，自我评价提升。经常进行健身跑运动能够使人身心放松，改善睡眠状况。

（2）提升腿部力量和身体的耐力水平。健身跑运动用到的最主要的部位就是人的双腿，经常进行健身跑运动能够锻炼腿部肌肉，增强腿部力量；健身跑运动是一项有氧运动，不追求速度更快，但是要求人们在运动时坚持的时间更长，经常进行健身跑运动能够提升身体的耐力水平。

（3）健身跑运动对于提升人体的协调能力、灵活性、身体控制能力也有非常重要的作用；经常进行健身跑运动还能帮助提升人的反应能力、情绪控制能力、食欲等。健身跑运动对人的改善是从身体到心理的全面改善,对于提升青少年的体质健康水平具有非常重要的作用。

第二节 休闲球类运动

一、网球

(一)网球运动的相关介绍

网球运动是一种以身体的练习为主要手段,人体直接参与并且承载一定的运动负荷的运动项目。网球运动的过程中既包含有氧运动也包含无氧运动,一般的发球、拍球、奔跑等动作为有氧运动,但是瞬间爆发力比较强的跑、跳、跃等动作为无氧动作。因此,网球运动除了能够增强人的体能,还能够对身体的呼吸水平、神经系统、循环系统等产生刺激,提高人的心肺功能,增强人体的反应能力,促进人体的新陈代谢。

(二)网球运动的特点和魅力

网球运动是一种同时具备健身价值和艺术价值的运动方式,能够同时满足人们对"健康"和"美感"的双重需求。人们在网球运动中的参与感和互动感非常强,不同年龄阶段的人群能够在同一个网球运动场地以同样的规则进行一场网球比赛,在运动中完成情感的交流和互动。相比于其他球类运动,网球具有能够减少因身体碰撞而带来身体损害的优势,竞争双方相隔在隔网的两端,互相接触不到,能够有效避免身体碰撞和身体冲突。网球的姿势和动作具有自然、舒展、大方的特点,使得网球运动看起来十分具有艺术性和美感,因此网球运动最开始其实是一种贵族运动。网球运动中包含着丰富的文化内涵,体现了人们对于诚信、文明、自信、谦虚等品德的向往,以及对于艺术、美感等价值的追求。

网球运动集和谐性、趣味性和技巧性于一体,吸引着众多体育运动爱好者参与其中。

(三)网球运动练习方法

1. 发球技术的练习方法

(1)握拍:建议选择大陆式握拍方式。

(2)握球:手里只有一个球的时候,只需要有手指和手掌将球托起即可;手里有两个球的时候,球以上下的位置放在手中,上面的球由大拇指、食指和中指负责托起,而下面的球则由无名指和小拇指负责托住。

(3)准备姿势:双脚分开保持和肩膀一样的宽度,身体的重心倾斜在脚掌的前半部分。一只手握住网球拍,另外一只手负责拿球并同时扶稳球拍颈部。

(4)重心向后移动,同时向后拉拍和抛球:随着重心前—后—前移动的同时,两手也同时由下而上沿弧线运动。

(5)盯球:在抛球和击球的同时,要确保视线始终落在球身上,确定球的位置和方向,保证动作不出错。

(6)击球过程:击球时球拍的位置在身体的右前上方,击球过程中的动作顺序为向上—向前—向下三步。击球时需要运动者的身体挺直,手肘部位稍微弯曲,身体的重心放在脚掌的前半部分。

(7)结束动作:球拍将球发出去之后动作不停止,继续下滑完成整个弧形的击球动作,最后在身体的左下方收停动作。

2. 正反手击球技术的练习方法

青少年在进行正反手击球技术练习时,可以借助墙壁辅助练习。具体方法是将墙壁划分成大小不同的区域,根据技术水平由弱到强的发展规律逐渐缩小划分区域的范围。还可以同时设置几个位置不同的区域,假设其为不同位置的队友,进行方位变化的练习。这种练习方式能够锻炼青少年的反应能力、协调能力和判断能力,提升青少年的正反手击球技术水平。

3. 截击球技术的练习方法

截击球技术具有距离短、球速快的特点,要求运动者具有非常灵敏的反应速度。青少年在进行截击球技术练习时,可以采用短握拍形式进行,初练时击墙的高度略高,距离放远,同时与反弹球结合进行,让练习者有足够的时间完成动作。练习者还可以进行左右手交换练习或者和同伴结伴练习,以提高练习的趣味性,激发练习的信心和耐心。

(四)网球对于提高青少年体质健康水平的作用

1. 有助于培养灵活的思维方式

网球运动是一项需要比赛双方不停在进攻和防守之间博弈的运动,这个过程既考验参与者的体力和运动技能,也非常考验参与者的运动智慧和反应能力。经常参与网球运动有助于培养青少年灵活的思维方式,提升自己的智慧水平。

2. 增强青少年的交往能力

网球是一项无法单人进行的运动,必须同时具备比赛双方,这种特征注定网球运动具有很强的互动性。网球运动中既需要和队友进行交流沟通,建立队友之间的默契度,培养团队协作能力;也需要和比赛对手之间建立友好的关系,公平竞争,相互尊重。网球运动是一种人际交往的好方式,青少年可以在网球运动中拓宽自己的朋友圈,或者与朋友进行情感交流,增进友谊,经常进行网球运动能够增强青少年的交往能力。

3. 改善青少年的体型

对于有健身减肥需要的青少年来说,网球运动无疑是一个非常合适的选择。根据科学的数据显示,人们每天进行 30 分钟以上心率为 120~160 次的中低强度有氧代谢运动,就能够达到减肥的目的。网球运动不仅符合这个标准,而且其运动强度还要稍高于此标准,再加上人们在进行网球运动时的动作幅度非常大,能够带动全身肌肉,所以经常进行网球运动能够帮助青少年改善体型。此外,网球运动的互动功能还能增强运动的趣味性,帮助增强青少年运动的热情和决心。

4. 改善青少年的体态

良好的体态能够展现一个人的精神气质和魅力,人们进行运动的目的之一也是改善自身的体态,而网球运动对于改善体态具有非常有效的作用。对于男生来说,经常进行网球运动能够减少其手臂、背部和腹部的脂肪,使其身姿更加健美挺拔;对于女生来说,经常进行网球运动能够锻炼四肢,使四肢更加紧致修长,还能够使肩部和臀部更加健美,使女生展现出"曲线美"。另外,网球运动的动作大方、优美,而且动作幅度非常大,能够拉伸全身的肌肉,使人形成自然挺拔的身体姿态。

二、羽毛球

(一)羽毛球的相关介绍

羽毛球运动是运动双方隔着球网相互击球对抗的一种球类运动。运动时,参与的双方分成两队,分别站在球场的两边,分别用球拍击打羽毛球,使其在球网两侧来回。己方的球落到对方的场地,或者击打对方发过来的球使其出界,则视为比赛的胜利。羽毛球是一项充满了竞技性质和趣味性的球类运动,在全世界范围内都非常流行。

(二)羽毛球动作

1. 握拍动作

(1)正手握拍。

手不能握拍太紧,手掌心和球拍之间保留一定的空间,保证球被打出去之后的运动路径能有一定的弧度变化;食指和中指不能并拢,应该保留大概一个手指的距离,方便发力;拇指和食指负责转动球拍,中指、无名指和小拇指负责发力。

(2)反手握拍。

大拇指顶在拍柄的宽面上,其余四指位于下方,撑住球拍,有利于反手发力。

(3)钳式握拍。

这种握拍姿势一般被用在网前球中,大拇指和其他手指分开处于手柄的两侧钳住球拍,球拍的头部轻轻向下倾斜。

(4)锤式握拍。

锤式握拍的姿势能够为挥拍动作提供充足的力量,一般被用在力量型挥拍动作之前。具体姿势为紧并五根手指,食指指尖位于大拇指下面并与之接触,握紧球拍。

2. 挥拍动作

(1)内旋挥拍。

正手挥拍方式,前臂内侧转动。

头顶击球：手腕向外翻动带动球拍做顺时针旋转击球，球拍打正。

正手挑球：前臂向外做好击球准备动作，用力向内旋前臂挥拍。

（2）外旋挥拍。

反手挥拍方式，前臂外旋转动，手腕的外伸后带动球拍做逆时针旋转击球。

转身后，腿弓步，肘关节向前向上顶起，抬高肘关节直至最高，球拍从身体的腹部向上挥，下面三指用力，拇指和食指放松。

前臂首先内旋，不要停顿，肘部伸直，前臂反向外旋。

在大力击球时，内外旋手臂混合使用；在反手击球时，外旋前有一个内旋，需要预先使肌肉紧张起来，增大加速过程。

（3）摆臂挥拍。

摆臂挥拍主要用于接发高球。加速过程尽量要长，在软击球中（如正手头顶吊球）加速过程并不重要。

3. 步法

（1）并步。

（2）交叉步：包括前交叉步和后交叉步两种。

（3）垫步：一般用作调整步距。

（4）蹬跨步：多用于上网击球，在向后场底线两角移动抽球时也常采用。

4. 击球动作

（1）高手击球。

高手击球是指击球点高于头部的一种击球方式，主要包括四种击球技术，分别是高远球、平高球、吊球和杀球。其中，平高球一般被用来控制对方后场底线两角，是比赛中控制与反控制、直接进攻或主动过渡以创造进攻机会的有效手段。

（2）低手击球。

低手击球是指击球点低于头部的一种击球方式，主要包括平抽挡球和接杀球两种击球技术。

低手击球被运用在后场时，其中的抽球主要对付对方的长杀，以及对方压底线两角时作为反控制的手段。

低手击球被运用在中场时，重点是速度要快，不仅击球的动作要敏捷利落，还要保证球在空中停留的时间也要短，因此对击球的力度也有一定的要求。

（3）网前击球。

网前击球包含的击球技术主要包括搓球、推球、勾球、挑球、扑球、放网前球六种。其中，放网前球往往是运动员没能及时赶到较高位置上击球而被动使用的，但质量高的放网前球（弧线低、贴网坠落）也可以扭转被动局面。

5.跳起动作

（1）双脚起跳杀球。

放网前球的情况下，对方通常会在迫不得已的情况下选择后场，为了从后场接住对方的球，本击球人员一定要快速地退到对方发来的球的后方，双脚起跳向前杀球。注意在落地的时候，要将身体的重心稍微向前倾斜。

（2）半转体起跳杀球脚步。

并步过去，跳高一点点，手臂向前伸出，脚步落地后不转体。

羽毛球是一项对动作的技术要求比较高的运动，想要学会羽毛球首先就要了解并掌握其基本姿势和动作。以后场正手击高远球为例，其完整动作过程如图8-1所示。

图8-1 后场正手击高远球动作流程

（三）羽毛球对于提高青少年体质健康水平的作用

1.羽毛球运动对于青少年的锻炼作用

作为一种运动方式，羽毛球的锻炼性是其基本属性。羽毛球中包含的技术非常丰富，比如前、后场中的快速击球、高球、扣球、抽球等技术。

这些技术需要运动者做的动作是不尽相同的,青少年在运用各种动作完成这些技术的时候就能够锻炼到身体的不同部位,带动全身肌肉运动,从而达到全身锻炼的效果。

同时,羽毛球还是一个对抗性的体育运动,运动是以双方进行比赛的形式展开的,所以人们在进行羽毛球运动的时候,除了要进行体能的竞赛,还要进行智慧上的较量。因此,经常进行羽毛球运动还能够锻炼青少年的运动智慧,提高青少年的反应能力、判断能力、灵活性。

羽毛球运动还有锻炼人的意志力的作用。坚持经常进行体育锻炼是一种非常具有挑战性的事情,人们可能会因为各种心理因素和身体因素出现抗拒锻炼的态度。即使在运动的过程中,人们也可能会因为体力不支等原因想要中途放弃。保持进行羽毛球锻炼的习惯是一件非常需要意志力的事情,青少年如果经常进行羽毛球锻炼,就能够在坚持的过程中提高自己的意志力水平,这种意志力最终也能够迁移到其他的生活场景中,对他们的人生产生积极的影响。

2. 羽毛球运动对于青少年的娱乐作用

羽毛球运动自从问世以来就受到人们的喜爱,在长期的发展过程中,它除了保持自己的运动属性之外,还逐渐成为一种娱乐方式,具备了娱乐属性。羽毛球具有运动难度较低、运动量不大、场地和器材限制少的优点,这使得各种年龄阶段的人们都能够在有限的条件内开展运动,羽毛球也因此被称为"全民运动"。

同时,作为一种以比赛形式进行的运动,羽毛球还具有很强的互动性,人们在你来我往的发球、接球过程中不仅能够切磋技艺,还能够交流感情、培养友谊,增强了羽毛球运动的娱乐属性。

因此,青少年经常进行羽毛球运动除了能够锻炼身体之外,还能够娱乐自己,放松心情,更有利于其成长。

第三节　形体塑造运动

一、瑜伽

（一）瑜伽的相关介绍

瑜伽是一种起源于印度的古老运动，以动作舒缓优雅闻名，瑜伽能够拉伸肌肉，疏通筋脉，使人身心放松。瑜伽不仅仅是一种锻炼身体的方式，更是一门哲学，属于印度六大哲学门派之一。瑜伽中蕴含的哲学思想为通过模仿动植物的姿势和动作，达到和自然、宇宙融为一体的境界，最终实现保持身心健康、激发人体潜能的目的。

（二）瑜伽运动中形体的训练内容及落实方法

瑜伽是一种非常有效的形体塑造运动，经常进行瑜伽运动能使人身材匀称，身姿挺拔，塑形也是很多人选择瑜伽运动的主要目的。下面从瑜伽运动的形体塑造功能出发，阐述瑜伽运动中的形体训练内容和形体训练的落实方法。

1. 形体训练内容

（1）把杆训练。

把杆训练是瑜伽中最基础的训练内容，其目的是为了让学生在训练中感受瑜伽动作，了解动作要领和细节，为后续的练习打基础。把杆训练的具体内容是借助把杆练习站立、踢腿、划圈、转体、跳跃等动作，有助于培养学生形成规范化的身体姿势，能够锻炼学生的腿部力量、身体协调能力、平衡能力和身体的灵活性。

（2）"地面"训练。

地面训练是指学生以坐、卧、躺等方式在地面上进行的动作练习，一般在学习瑜伽的初期需要进行大量的"地面"训练。"地面"训练的主要的作用是对肌肉进行拉伸，提升肌肉的张力，防止形成块状的肌肉，使肌肉呈现流畅的线条形状，达到修身健美的效果。图 8-2、图 8-3、图 8-4 是瑜伽"地面"训练的几种动作姿势。

第八章　促进青少年体质健康的体育运动方法与手段

图 8-2　"地面"训练中的坐姿训练

图 8-3　"地面"训练中的卧姿训练

图 8-4　"地面"训练中的躺姿训练

（3）舞姿组合训练。

舞姿组合训练是瑜伽训练中的关键内容，一般会在瑜伽学习的中间阶段进行，对于学生突破基础的动作学习，理解瑜伽的动作艺术具有非常重要的作用。舞姿组合训练的具体做法就是对芭蕾舞蹈中的一些基础动作，如单腿屈膝前（后）举站立——阿提丢、做单腿后举站立——阿拉贝斯、单腿侧上举站立——艾卡地等舞姿进行练习，学生能够在舞姿的练习中锻炼肢体动作变化的灵活性，感受通过四肢、头部和躯干的协调配合形成的姿势的艺术性。舞姿组合训练是在学习者掌握了一定的瑜伽姿势和动作之后进行的，有利于学生将分解的姿势和动作结合，加深对瑜伽的理解和掌握。

（4）身体动作组合训练。

身体动作组合训练是在瑜伽学习后期进行的训练内容，是针对一些难度动作而开展的一种形态训练，主要的动作类型为跳、平衡、转体、波浪与柔韧四种。通过各类身体动作组的训练，掌握基本动作的正确方法，使学生懂得在全身各部分协调配合中完成高难度动作，在紧张与松弛相交替的韵律中表现出身体各部位的正确姿态、动作的最大幅度、支撑的稳定性、移动的轻巧性以及动力、幅度和动作速度之间的密切关系。

2. 形体训练的落实方法

(1)先练形体后学瑜伽。

瑜伽运动是一个对形体要求非常高的运动,只有先掌握标准的形体姿势,才能真正开始瑜伽的学习,否则根本无法达到理想的运动效果。一般的瑜伽训练中,需要将整个学习课时前1/4的时间留给形体训练,这样连续的学习过程能带来比较好的学习效果。形体训练的内容包括把杆练习、徒手组合练习、手位练习等,能够很好地锻炼学生的身体协调能力和灵活性,增强学生的空间感受能力和动作感受能力,使学生能够做出正确优美的姿势,为后续的瑜伽学习奠定基础。

(2)形体训练贯彻整个瑜伽学习过程。

瑜伽学习的整个过程中都需要进行形体训练,在瑜伽学习的课时中,要分别在学习开始的时候和学习结束的时候进行形体训练。课前进行形体训练能够起到热身的作用,激发身体的活力,使身体能够更加快速地进入正式的瑜伽学习中;而课后的形体训练则起到拉伸的作用,能够放松肌肉,减慢心率,同时还可以巩固课上学习的内容。

(三)瑜伽对于提高青少年体质健康水平的作用

1. 瑜伽能够塑造青少年的形体

青少年时期是一个人形成体态习惯的重要时期,但是因为受到一些不良习惯的影响,青少年身上很容易出现含胸、驼背、骨盆前倾、脊柱变形等体态问题,不仅会影响体态的优美性,严重时还会损害身体健康。瑜伽运动一个非常重要的作用就是能够改善人的体态状况,瑜伽中有大量大幅度的拉伸、舒展动作,能够使人的体态看起来更加自然和挺拔。另外,瑜伽中的拉伸动作不是立刻就结束的,而是会维持一段时间,经常进行瑜伽锻炼能够使肌肉生长得更加均匀,人的体型也会显得更加匀称。人们在青少年时期进行瑜伽运动能够培养良好的体态习惯,使其终身受益。

第八章 促进青少年体质健康的体育运动方法与手段

2. 能够减轻青少年的心理压力

瑜伽是一种富含哲学的运动方式,其内涵是使人身心放松,达到和世间万物融为一体的境界,因此瑜伽运动能够减轻人的心理压力,使人保持内心的宁静。从呼吸方式上说,瑜伽鼓励人们在运动过程中进行舒缓的深呼吸,能够放松人的情绪;从运动方式上来说,瑜伽的拉伸动作是一种能够使肌肉放松的训练,可以放松个体的神经,能够很好地释放内心压力;此外,瑜伽运动时配合的音乐一般都是比较舒缓的音乐,对于使人心情放松也有很大的帮助。青少年面临着激烈的求学竞争环境,难免要承受一定的心理压力,而瑜伽锻炼具有使人身心放松的作用,是一种非常适合青少年的进行锻炼的运动方式。

二、健美操

(一)健美操的相关介绍

健美操运动是一种非常受欢迎的新型有氧健身运动,它集体操、音乐、舞蹈的元素于一体,非常具有艺术性。近年来,健美操运动凭借着其超强的韵律性和趣味性,受到了众多健身人士的喜爱,成为风靡一时的时尚运动方式。健美操运动中包含三种具体的运动方式,分别是竞技性健美操、健身性健美操和表演性健美操,我们在这里只对健身性健美操进行具体阐述。

(二)健美操的相关练习

1. 头、肩练习

(1)头颈前后屈。

身体微微下蹲,上半身挺直,双手叉腰,双脚分开和肩部等同的宽度。头颈做前屈、还原,后屈、还原的动作。

(2)头颈左右侧屈。

双脚并拢站立,两臂自然下垂,左脚向左侧跨步,双腿稍下蹲,左臂向左侧平举,掌心向下;右臂垂于体侧,头颈向左侧屈,还原。方向相反,做右侧屈。

(3)双肩提沉。

两脚开立,两臂垂于体侧,两腿稍下蹲,肩部下沉,两腿蹬直,重心移向左腿,两肩上提。反方向做同样的动作。

(4)左右转肩。

双脚分开站立,双臂在身体的两侧水平举起,手掌朝上,五根手指分开。左边的肩膀向下压,右侧的肩膀向前翻转。右臂随右肩向前转动,同时向左顶髋,右膝稍屈内扣。同样的动作反方向重复。

(5)肩部绕动。

两脚开立,两臂下垂,重心移向左腿,左肩下沉向前、向上、向后绕动一周,右肩放松下沉。方向相反,重复进行一次,再两肩同时下沉后,向后、向上、向前绕动一周。

2. 上肢练习

(1)摆臂屈肘。

两只脚分开站立,两只手自然握成拳头状垂放在身体的两侧,两腿呈屈肘状向前伸,双臂向前摆动,达到水平位置后手臂上半部分保持水平状不动,然后屈肘使小臂面向身体的方向,拳心后转。大臂保持水平部位,两腿屈伸一次,两臂伸直下落经体侧,向侧举至水平部位屈肘,大臂保持水平状,拳心相对。

(2)举臂合胸。

两肩尽量向前运动,两腿伸直,两手手心向上,两臂向侧水平打开尽量向后运动,胸部向前挺出。

(3)开臂展胸。

两脚开立,两臂下垂,两腿稍屈下蹲,两臂由下经体侧举至水平,向前合并(手臂向前)至手腕相靠,低头合胸。

(4)侧移胸部。

两脚开立,两臂下垂,左臂向侧平举,五指张开,掌心向前,胸部尽量向侧移动,腿髋固定。还原,方向相反,重复进行。

3. 下肢练习

(1)滚动步。

两脚合并站立,两手叉腰。第一个节拍时,抬起左脚踵,膝盖部位关节稍微弯曲并且成内扣状,身体的重量由右腿承担。同样的动作换方向再次重复。

第八章　促进青少年体质健康的体育运动方法与手段

（2）屈伸步。

两脚合并站立,两手叉腰。第一个节拍时,左腿屈膝抬起,同时右腿稍下蹲。当左脚向前伸直前掌触地时,右腿同时伸直。第二个节拍时,左腿抬起稍屈膝收回,全脚落地与右脚并立,与此同时右腿屈伸一次。第三、第四个节拍重复一、二节拍的动作。五、六节拍时,左脚向左侧做屈伸步,七、八节拍时,右脚向右侧做屈伸步。

（3）跑跳。

第一个节拍时,右脚站在原地轻轻上跳,左腿配合右脚上跳的动作,膝盖弯曲并轻抬。第二个节拍时换方向重复第一个节拍的动作。

（4）跳踢腿。

第一个节拍时,右腿在原地轻轻上跳,左腿膝盖伸直向前上方进行大踢腿的动作,脚的高度要超过肩膀。第二个节拍时,右腿在原地重复轻跳一次,同时高高伸起的左腿放下。第三、四个节拍做第一、二个节拍的动作,五、六、七、八节拍换方向重复前四个节拍的动作。

（三）进行健美操运动应该注意的事项

1. 负荷确定问题

进行健美操锻炼的目的是为了使身体健康、体态优美,但是如果没有为自己制定合理的运动负荷,则无法达到理想的运动效果,在负荷严重过度的情况下还可能会对身体造成损害。个人适合的运动负荷是可以通过科学的方式计算出来的,比如通过测量脉搏就可以得到两种负荷计算方法。

（1）通过测量运动结束时的心率确定运动负荷。

这种方式是指在运动结束后的 5～10 分钟以内对运动者的脉搏跳动速度进行测量,并且以运动者在安静时的心率为标准,计算运动刚结束时的心率与安静时的心率的差。如果测量出的心率和安静时的心率几乎相同,则说明运动的负荷过小,无法达到理想的运动效果;如果计算出的运动刚结束时的心率只比安静时的心率快 2～5 次/分钟,则说明这种运动负荷比较合适;如果计算出来的运动刚结束时的心率比安静时的心率快 6 次/分钟,在排除其他原因的情况下,则说明运动的负荷量度过大,应该及时进行调整。

(2)利用最大心率确定运动负荷。

以大学生为例,科学的研究数据表明,一个身体素质一般的大学生运动时的心率达到最高心率的 65%～85% 时,能够取得最佳的运动效果。

①最大心率的计算方式为:

无运动基础的人:最大心率 =220 次 / 分钟－年龄

有运动基础的人:最大心率 =250 次 / 分钟－年龄的一半

②最佳的运动心率范围的计算方式为:

美国健身研究协会推荐的运动心率最佳范围 = 个人最大心率 ×(65%～80%)

美国人心脏学会推荐的运动心率最佳范围 = 个人最大心率 ×(60%～75%)

美国运动医学院推荐的运动心率最佳范围 = 个人最大心率 ×(65%～90%)

运动时心率在以上所述范围内的都属于有氧运动,在这个范围内百分比越大,则越能达到理想的锻炼效果。

2. 饮食问题

进行健美操运动之前要格外注意饮食问题。进食之后不能立即开始运动,至少要隔 1.5～2.5 小时之后才能进行运动,运动之后也不能立即开始进食,要等身体完全恢复到安静状态时才可以正常进食。同样,运动前后也不宜立刻饮水,并且饮水时要注意不能饮用过凉的水,容易造成肠胃疾病,使身体负担加重,建议饮用 1% 的淡盐水,能够及时补充身体因出汗而流失的盐分。

3. 预防损伤问题

健美操是一种相对来说节奏比较快,运动强度也比较大的运动方式,因此在健美操运动中要非常注意预防身体损伤问题。主要可以采取下列措施对运动损伤问题进行预防。

(1)加强对身体创伤知识的学习,这样做能够帮助自己对运动后的身体状况进行自我检测,及时发现创伤问题。

(2)进行基础体能训练,提高身体素质。

(3)开始健美操运动之前要进行热身运动,充分拉伸肌肉和关节,活跃身体,使身体快速进入运动状态而不受伤害。

（4）进行健美操运动时要遵循循序渐进的规律，不可上来就进行高强度的训练，应当先选择运动强度比较低的训练，根据身体对负荷的适应状况再慢慢增加运动量和运动强度。

（5）要尽量将健美操的动作做到标准，防止因为姿势不正确带来的运动损伤。

（6）根据自己的身体状况调整运动的负荷量度，不能勉强自己在身体状态不佳的情况下进行高强度的健美操运动。

（四）健美操对于提高青少年体质健康水平的作用

1. 增强青少年的健康美

所谓的健康美，指的是人身体的各个器官、各项机能都处于最佳的运转状态，人的身体十分健康。人体要达到健康美，需要心肺能力、肌肉力量、平衡性、灵敏性、协调性、柔韧性都处于绝佳状态，并且相互之间协调配合。青少年进行健美操运动能够提升自己的身体素质，锻炼柔韧性、协调性、力量和耐力等。健美操运动还是一种十分具备活力和动感的运动，青少年还能够在进行健美操运动的过程中提升身体的活力，形成健美标准的体形。经常进行健美操运动对于增强青少年的健康美具有重要的作用。

2. 提升青少年的美学水平

健美操是一种集合了音乐、舞蹈、体操、美学等领域的元素于一体的运动方式，除了具有增强人体健康的运动锻炼价值，还有非常强的美学价值。青少年进行健美操运动时，能够通过聆听具有强烈节奏感的音乐增强自己的韵律感，还能够通过富有艺术性的动作提升自己的艺术感受能力和欣赏水平。青少年经常进行健美操运动可以帮助其培养发现美、认识美、分析美的能力，提升其美学水平。

3. 提高青少年的注意力水平

青少年具有思维十分活跃的特点，因此一些青少年身上存在注意力不集中的问题，经常进行健美操运动能够提升青少年的注意力集中水平。健美操运动的强度不算非常大，但是动作的难度却比较高，灵活多变是其基本特征，加上不对称的动作非常多，动作的节奏感又比较强，锻炼过程中注意力稍不集中就会跟不上动作。青少年经常进行健美操运动能够培养其注意力集中的习惯，并且能够将这种好习惯迁移到生活和学习中去，提升青少年的注意力水平。

参 考 文 献

[1] 国家体育总局青少年体育司,国家体育总局体育科学研究所.儿童青少年运动健康促进科普问答[M].北京:人民邮电出版社,2020.

[2] 栗晓.青少年运动防护手册[M].广州:广东人民出版社,2020.

[3] 章建成,任杰,舒盛芳.青少年体质健康教育干预方案[M].上海:复旦大学出版社,2013.

[4] 韩伟.青少年体质健康监控与管理研究[M].长春:吉林科学技术出版社,2020.

[5] 刘雨蒙,吴海菲,曾吉.近十年我国青少年体质健康研究综述[J].湖北体育科技,2016,35(9):799-801.

[6] 郭庆红,徐铁.健身运动指导全书[M].北京:农村读物出版社,2012.

[7] 徐勇灵,高雪峰.科学运动与体质健康促进指导手册[M].广州:广东高等教育出版社,2016.

[8] 肖夕君.科学运动与健康[M].长沙:湖南文艺出版社,2006.

[9] 高勇安.专家告诉你运动健身的误区[M].北京:中国三峡出版社,2004.

[10] 李志成.青少年运动感知觉变化规律及其与体质健康关系研究[D].苏州:苏州大学,2020.

[11] 倪艳秋.青少年体质健康现状及干预对策研究[D].烟台:鲁东大学,2013.

[12] 方放.学生体质下降背景下青少年健康促进自我干预的研究[D].长春:吉林体育学院,2014.

[13] 刘胜,张先松,贾鹏.健身原理与方法[M].武汉:中国地质大学出版社,2010.

[14] 吴宗宪.青少年不良行为的矫治与防范[M].北京:华夏出版社,1994.

[15] 谷晨. 现代生活方式与青少年健康：e时代的健身方略 [M]. 南昌：江西科学技术出版社,2009.

[16] 荣湘江,孙绪生,杨霞. 体育康复 运动处方 医务监督 [M]. 桂林：广西师范大学出版社,2000.

[17] 顾丽燕. 运动医务监督 [M]. 北京：北京体育大学出版社,2009.

[18] 徐莉. 游泳 [M]. 广州：华南理工大学出版社,2008.

[19] 黄志剑. 体育运动心理学 [M]. 武汉：华中科技大学出版社,2016.

[20] 陈作松,徐霞. 锻炼心理学 [M]. 北京：高等教育出版社,2015.

[21] 林凯杰. 心理健康教育在高中体育与健康教学中的应用策略 [J]. 教育界,2021（13）：79-80.

[22] 吕伯文. 校园体育教育对学生心理健康的影响研究 [J]. 文化创新比较研究,2020,4（20）：31-33.

[23] 龚红军. 体育教学中的心理健康教育 [J]. 江西教育,2021（1）：94.

[24] 康喜来,万炳军. 青少年运动训练原理与方法 [M]. 西安：陕西师范大学出版社,2012.

[25] 孙丽娜. 大学生体育与健康研究 [M]. 北京：煤炭工业出版社,2018.

[26] 聂梦威,李硕. 健康中国战略下青少年体能训练促进体质健康的路径研究 [J]. 冰雪体育创新研究,2021（2）：90-91.

[27]《国家学生体质健康标准解读》编委会. 国家学生体质健康标准解读 [M]. 北京：人民教育出版社,2007.

[28] 刘曼冬. 大学生体质健康测试指导手册 [M]. 上海：上海交通大学出版社,2017.

[29] 李建臣,任保国. 青少年体能锻炼与体质健康 [M]. 北京：化学工业出版社,2014.

[30] 刘星亮. 体质健康概论 [M]. 武汉：中国地质大学出版社,2010.

[31] 南海艳,丁丹. 现代教育观、健康观、体育观 [M]. 沈阳：东北大学出版社,2009.

[32] 何玲,魏丽捷,徐大鹏,等. 球类运动手册 [M]. 北京：金盾出版社,2012.

[33] 花楠. 运动与形体塑造 [M]. 北京：中国书籍出版社,2019.